Im Knaur Taschenbuch Verlag sind bereits
folgende Bücher der Autorinnen erschienen:
Alleinerziehend mit Mann
Muttitasking

Über die Autorinnen:
Monika Bittl studierte Germanistik und Psychologie, Silke Neumayer Kommunikationswissenschaften. Beide schreiben mit gro-
ßem Erfolg Romane und Drehbücher. Sie leben mit ihren Familien
in München, wo sie sich täglich mit einer großen Portion Humor
dem aussichtslosen Kampf stellen, sich selbst und der Welt gerecht
zu werden.

Monika Bittl
Silke Neumayer

DER BREI
und das
NICHTS

● ○ ● ○ ● ○ ● ○ ●

Der völlig unterschätzte philosophische
Alltag der Mütter

Besuchen Sie uns im Internet:
www.knaur.de

Originalausgabe Mai 2014
Knaur Taschenbuch
© 2014 Knaur Taschenbuch
Ein Unternehmen der Droemerschen Verlagsanstalt
Th. Knaur Nachf. GmbH & Co. KG, München
Umschlaggestaltung: ZERO Werbeagentur, München
Umschlagabbildung: FinePic®, München
Satz: Daniela Schulz, Puchheim
Druck und Bindung: CPI Books GmbH
ISBN 978-3-426-78669-7

2 4 5 3 1

Für unsere Kinder

INHALT

● ○ ● ○ ● ○ ● ○ ●

Philosophie ist so schwer,
weil die Bücher immer so dick sind.

(Unbekannt)

VORWORT

● ○ ● ○ ● ○ ● ○

Mütter und Philosophie – das scheinen auf den ersten Blick zwei völlig verschiedene Welten zu sein.
Einerseits sind da die großen Denker mit ihren komplexen und komplizierten Schriften, die man oft richtig studieren muss, um sie zu verstehen – andererseits sind da die Mütter, die gefühlte sechsundzwanzig Stunden am Tag damit verbringen, das Baby mit Brei zu füttern, beim Kartoffelschälen nebenher Vokabeln abfragen und abends im Bett keinen Wittgenstein im Original lesen, sondern froh sind, wenn sie beim Vorlesen aus dem Kinderbuch nicht selbst einschlafen.
Aber das Erstaunliche ist: Mütter sind im Alltag viel mehr mit philosophischen Fragen konfrontiert, als man so denkt.
Zum einen sind Kinder geborene Philosophen, wenn man Philosophie beim Wort nimmt, sie als »Fragen stellen«, Suche nach Erkenntnis, Wahrheit und Weisheit versteht.
Warum? Weshalb? Wozu? Woher? Wohin? Wieso? Jede Mutter kennt die endlosen Fragen der Kinder. Denn Kinder betrachten die Welt noch mit Staunen und wollen alles wissen. Und jede Mutter muss dazu Antworten finden. Ständig. Täglich. Sobald das Kind seine Welt in Worte fassen kann.

Wieso gibt es böse Menschen? Warum darf ich den Leon nicht verhauen? Warum darfst du jetzt Fernsehen gucken und ich nicht? Warum muss ich Unterhosen anziehen? Woher weißt du, dass es den lieben Gott gibt? Und wo wohnt eigentlich die Schnullerfee?

Fragen über Fragen, und die Antworten sind meistens alles andere als leicht.

Zum anderen stellen sich Mütter im Alltag selbst oft Fragen, die durchaus eine philosophische Dimension haben.

Wie kann es sein, dass ein Kind vor seinen Eltern stirbt? Was ist das Böse, was ist das Gute? Und woher kenne ich den Unterschied? Welche moralischen Werte will ich meinem Kind vermitteln? Und woher kommt das Gewissen? Träume ich das alles vielleicht nur? Bin ich eine gute Mutter? Was *ist* eine gute Mutter? Und wer bitte legt das fest? Und woher hat mein Kind diesen eigenen freien Willen, den es angeblich nicht mehr gibt?

Die meisten Mütter begegnen all diesen Fragen oft instinktiv, ohne überhaupt wahrzunehmen, dass sie sich im Grunde genommen mit Philosophie beschäftigen.

Philosophie gilt zwar als die Mutter der Wissenschaften, doch all die großen Geister, die diese Mutter geboren und aufgezogen hat, haben sich mit allem Möglichen befasst, aber nicht mit dem Muttersein. Abgesehen von ein paar jüngeren Töchtern stritten sich in der Hauptsache Männer in akademischen Höhen unter Ausschluss des banalen Alltags über die Fragen des Seins, der Wahrheit und über Gott.

Philosophie war und ist eine sehr männliche Disziplin. Aber »das braucht ja nicht eine männliche Beschäftigung zu bleiben« (Hannah Arendt).

Wir fanden, es ist an der Zeit, die Mutter der Wissenschaften endlich einmal mit realen Müttern und ihrem Alltag in Verbindung zu bringen. Nicht akademisch, sondern humorvoll und mit einem Augenzwinkern. Deshalb haben wir dieses Buch geschrieben. Natürlich wissen wir dabei, dass wir nichts wissen. Wir haben keine Antworten auf die großen Fragen der Philosophie und des Lebens.

Der Brei und das Nichts ist keine philosophische Abhandlung, sondern besteht aus kleinen Geschichten rund um Mütter und Philosophie. Geschichten, in denen Mütter sich und ihren völlig unterschätzten philosophischen Alltag hoffentlich wiederfinden werden.

Wir Mütter sollten keine Scheu haben, die Fragen, denen und die wir uns täglich stellen, ernst zu nehmen. Wir streifen dabei oft – völlig unbewusst – große philosophische Gedanken und Themen. Denn auch wenn es keine von uns vermutet – wir Mütter sind philosophischer als gedacht.

1.

DER BREI UND DAS NICHTS

● ○ ● ○ ● ○ ● ○

Lesen Sie bitte folgenden Absatz sorgfältig durch:

»... wenn ich indessen das ›man‹ als Subjekt begreife, vor dem ich mich schäme, insofern es nicht Objekt werden kann, ohne sich in eine Vielheit anderer zu zerstreuen, wenn ich es als absolute Einheit des Subjekts setze, das in keiner Weise Objekt werden kann, dann setze ich damit die Verewigung meines Objekt-Seins und mache meine Scham zu etwas Unaufhörlichem.«

So, was haben Sie dabei gedacht? Bitte kreuzen Sie spontan und ehrlich eine der folgenden möglichen Antworten an (Mehrfachnennungen sind möglich):

☐ A. Bahnhof. Bahnhof. Bahnhof. Und alle Züge sind schon weg.
   Verdammt, da fällt mir ein, Max hat morgen Geburtstagsfeier im Hort, und ich hab noch nicht mal einen Fertigkuchen zu Hause.
☐ B. Ist das Kirgisisch?
   Oh Gott, es ist schon 19.38 Uhr, Sophie schreibt mor-

gen eine Ex in Franz, und ich habe noch keine Vokabeln abgefragt.

☐ C. Ich kam nur bis zum dritten Wort, »indessen«, dann hat das Baby den Pastinaken-Brei quer durch die Küche gespuckt.

Ich werde den Absatz aber wieder lesen, wenn das Baby achtzehn ist. Versprochen.

☐ D. Ich will schlafen. Einfach nur schlafen.

☐ E. Hä???? Und danach habe ich laut durch das ganze Haus geschrien: »Wenn im Kinderzimmer nicht sofort Ruhe herrscht und ihr euch weiter über die PlayStation streitet, nehme ich euch das Sch…ding weg – für die nächsten hundert Jahre, damit das mal klar ist.« Äh, wo waren wir noch gleich?

☐ F. Ich lese schon seit Ewigkeiten nichts mehr, was nicht mit »Es war einmal …« anfängt und mit »… und so lebten sie glücklich und zufrieden bis an ihr Lebensende« aufhört.

☐ G. Welcher Vollidiot hat mir verdammt noch mal dieses bescheuerte Buch geschenkt? Ich wollte doch eigentlich ganz dringend *So schläft mein Kind garantiert in fünf Minuten ein.*

☐ H. Alles klar, alles verstanden. Das Sein ist die Transzendenz des Ichs, und Gott gibt es einfach nicht. Wusste ich aber sowieso schon, seit ich die Gesamtausgaben von Nietzsche, Hegel und Heidegger gelesen habe. Und wenn Klein Oskar endlich drei Jahre alt ist, werde ich ihm Schopenhauers *Die Welt als Wille und Vorstellung* als Gutenachtgeschichte vorlesen.

☐ I. So viel Nichts gibt's ja gar nicht, wie ich nicht mehr ich bin, seit die Zwillinge auf der Welt sind.

Auswertung:

Egal, welchen Buchstaben Sie angekreuzt haben: Sie sind eindeutig Mutter. Und damit meistens mit drängenderen Dingen beschäftigt, als über das Nichts nachzudenken. Denn Sie müssen sich täglich um das Sein kümmern. Und zwar nicht um Ihr Sein oder das So-Sein oder das Anders-Sein, sondern um das Sein von anderen. Sonst bricht der Laden hier nämlich komplett zusammen. Ist doch so.

Wollen wir die Wahrheit mal ungeschönt sagen: Mütter haben keine Zeit für Philosophie. Normalerweise. Mütter kümmern sich darum, dass Kinder groß werden. Das ist ein 24/7-Job so achtzehn Jahre lang – pro Kind, versteht sich. Da steht Philosophie ganz hinten auf der To-do-Liste. So auf Platz 956 834 734 127 823 723 234.

Kein Wunder, dass Philosophie in der Hauptsache immer eine Männerdomäne war und immer noch ist. Nachdenken, während ein Baby schreit und jemand zum zweihundertsten Mal an einem Ich-habe-Halsweh-und-kann-nicht-in-die-Schule-Vormittag sagt: »Mir ist sooooo langweilig«, ist einfach schwierig. Kinder sind aber natürlich nicht der einzige und ganz sicher nicht der wirkliche Grund, warum so wenige Frauen in der Philosophie zu finden sind, schon klar.

Da kommt ja noch das Patriarchat und so ein paar andere nette Kleinigkeiten dazu, die über die letzten Jahrhunderte dazu geführt haben, dass Frauen nicht denken durften und sollten. Übrigens haben ein paar Philosophen selbst so nebenher durchaus ein paar sehr uncharmante Sachen über Frauen losgelassen:

»Das Weibchen ist gleichsam ein verstümmeltes Männchen und der Monatsfluss Samen, der aber nicht rein ist, denn es fehlt ihm nur noch eines, das Prinzip der Seele.«

Aristoteles

»Die Frau ist ein menschliches Wesen, das sich anzieht, schwatzt und sich auszieht.«

Voltaire

»Das Glück des Mannes heißt: Ich will; das Glück des Weibes heißt: Er will.«

Nietzsche

Die Philosophie ist nicht sehr frauenfreundlich. Da müssen wir Frauen und Mütter uns nichts vormachen.
Wenn man einen x-beliebigen Passanten auf der Straße fragen würde, ob er den Namen einer Philosophin kennt – die meisten würden passen. Ein paar Cleveren würde vielleicht noch Hannah Arendt einfallen. Und ein paar anderen Simone de Beauvoir, die Lebensgefährtin von Jean-Paul Sartre (1905–1980), der den eingangs zitierten Text verfasst hat.

Übrigens geht es ja vielen so, dass sie den Text von Sartre nicht auf Anhieb verstehen. Das muss nicht immer schlecht sein. Behaupte ich jetzt mal frech.
Klar, stimmt, Mütter haben oft nicht die Zeit, die Muse etc. pp. für ausführliche Ausflüge in die Philosophie.
Aber das ist nicht immer das Schlechteste.
Manche Philosophen haben sich in ihre Denkgebäude unglaublich verstiegen.
»Als Jesus sagte, er sei auf der Welt, um die Wahrheit zu be-

zeugen, stellte Pilatus die rhetorische Frage: ›Was ist Wahrheit?‹ Mit diesem sprachlichen Achselzucken sei Pilatus seiner Zeit weit voraus gewesen, bemerkt der englische Philosoph John L. Austin ironisch. Denn wer von ›der Wahrheit‹ spreche, habe schon den ersten philosophischen Fehler begangen. […] Austin ordnete sich einer Strömung der Analytischen Philosophie zu, und zwar der Ordinary Language Philosophy. Deren Anhänger sind der Auffassung, dass man viele philosophische Probleme nicht lösen, sondern vielmehr auflösen müsse, indem man sie als Scheinprobleme entlarvt.« So der Stuttgarter Philosophieprofessor Philipp Hübl in seinem Buch *Folge dem weißen Kaninchen*. Und weiter: Sogar große Denker hätten sich selbst in die Irre geführt, indem sie aus kleinen Wörtern wie »nicht« große machten: »›Das Nichts‹. Einige haben sich dann tatsächlich gefragt, ob ›das Nichts‹ existiert oder ob es eher nichts ist. Doch wer die Alltagssprache so überdehnt, verzerrt auch seine Gedanken. Dasselbe gilt für andere große Nomen der Philosophie: ›das Sein‹, ›das Ich‹ oder eben ›die Wahrheit‹.«

Apropos Sartre: Seine Grundidee ist, dass wir frei sind, unser Leben zu gestalten, wie wir wollen. »Und was die Menschen angeht, nicht wie sie sind, interessiert mich, sondern was sie werden können.« Und das ist doch ein sehr schöner, einfacher und klarer Gedanke – gerade für Mütter.

2.

ICH PUTZE, ALSO BIN ICH

● ○ ● ○ ● ○ ● ○ ●

Wie kann ich mir eigentlich sicher sein, dass ich das, was ich gerade tue, nicht bloß träume? Dass ich wirklich auf der Welt bin und mich nicht nur jemand träumt? Verhält es sich nicht so wie mit diesem Zerrspiegel auf dem Jahrmarkt, der uns mal dicker, mal dünner zeigt? Und woher können wir überhaupt wissen, dass ein »normales« Spiegelbild stimmt und nicht auch verzerrt ist? Kurz: Können wir unserer eigenen Wahrnehmung überhaupt trauen?

In allen Umkleidekabinen von Bademodenabteilungen bezweifle ich entschieden, dass mein Spiegelbild irgendetwas mit der Realität zu tun haben kann. Meine Wahrnehmung *muss* mich geradezu täuschen – oder hätte Alex so eine Frau geheiratet?

Bei Elternsprechtagen bezweifele ich meine Wahrnehmungsfähigkeit noch mehr – sitze ich hier im falschen Film, oder über welches Kind spricht dieser Lehrer? Wahlweise höre ich mal von »ADHS« oder »Sozialstörung«, mal von »großer Intelligenz« oder »überragender Sozialkompetenz« – um schließlich nach der Frage »Haben Sie schon einmal an einen

Psychologen gedacht?« entgeistert das Klassenzimmer zu verlassen.

Am allerwenigsten aber traue ich meiner eigenen Wahrnehmung, wenn ich in ein Kinderzimmer komme und Lukas oder Eva sagen: »Aber ich hab doch aufgeräumt!«

Descartes stellte 1641 mit seinen *Meditationen* die erkenntnistheoretische Frage: Wie kann ich sicher etwas wissen? Wie kann ich mir sicher sein, dass ich mich im Spiegelbild wirklich selbst sehe und keinen anderen? Woher nehme ich die Gewissheit, dass es draußen wirklich kalt oder warm oder hell oder dunkel ist? Könnte nicht alles einfach auch eine Täuschung meiner Sinnesorgane sein? So zweifelte Descartes.

Es gibt wirklich Menschen, die von einem Tag auf den anderen das Kälte- und Wärmeempfinden verlieren, und auch Menschen, die plötzlich hell und dunkel nicht mehr so gut unterscheiden können. Woher weiß ich, ob *ich* etwas so empfinde oder es sich objektiv verändert hat?

Gibt es also nichts, das wir als objektive Wahrheit annehmen können? Doch, sagt Descartes – unser eigenes Denken. Denn vielleicht täuscht uns ein Spiegel oder ein unaufgeräumtes Kinderzimmer – aber dass wir darüber überhaupt nachdenken können, ist keine Sinnestäuschung, sondern Fakt. Das Denken ist die einzig zuverlässige Sache, mit der wir uns unserer eigenen Existenz gewiss sein können. Das führte Descartes zu dem kurzen, berühmten Satz: »Ich denke, also bin ich.«

Über viele Jahre hinweg mit kleinen Kindern war ich mir aber nicht mehr so sicher, ob ich überhaupt noch denke (außer an Windeln, Einkaufszettel und Kontoauszüge). Denken hatte

für mich eigentlich nur noch drei unabdingbare Voraussetzungen:

1. Ausgeschlafen sein
2. Ausgeschlafen sein
3. Ausgeschlafen sein

Auf keinen Fall hatte es etwas mit erkenntnistheoretischen
Überlegungen oder Fragen zu tun.

Meine einzige gefühlte Gewissheit in den Jahren mit Kleinkindern war der Sauberkeitszustand der Wohnung. Skeptikern wie meinem Mann Alex zum Trotz (»Was hast du denn?
Ist doch alles sauber!«) erkannte ich haarscharf und mit
schlafwandlerischer Sicherheit, dass unser Zuhause oftmals
kurz vor der Kür zur versifftesten Wohnung des Jahres stand.
(Okay, der erkenntnistheoretische Beweis dafür wäre jetzt etwas mühsam, aber drücken Sie dazu bitte einfach einmal ein
Auge zu.)
Sicher war ich mir in all diesen Jahren eigentlich nur in einem:
Wenn ich putze, wird es sauber. Daraus folgt: Ich putze, also
bin ich.

3.

● ○ ● ○ ● ○ ● ○ ●

Als wir beschlossen haben, dieses Buch zu schreiben, hatte ich erst mal eine ausgewachsene Panikattacke. Oh mein Gott! Philosophie und Mütter! Wie konnten wir nur auf diesen absurden Gedanken kommen? Ich saß nachts um drei senkrecht im Bett. Mein Mann schnarchte einmal empört auf und drehte sich dann wieder um.

Würde ich mich da nicht auf ein Gebiet vorwagen, das äußerst kompliziert ist – mir brach der kalte Schweiß aus. Jede Menge Namen von bedeutenden Denkern rauschten mir durch den Kopf. Platon. Sokrates. Kierkegaard. Nietzsche. Wittgenstein. Foucault. Habermas.

Musste ich jetzt alle Philosophen im Original lesen? Dann würde dieses Buch niemals fertig werden, und ich sah mich schon mit siebzig ergraut über den Schreibtisch gebeugt endlich die erste Seite fertigstellen.

Die Nacht war grauenvoll, selbst Nutella auf einem Löffel mit einem Glas Milch half nicht weiter, und auch die nächsten Tage waren nicht besser.

Gerettet hat mich dann Sokrates.

Höchstpersönlich.

War wirklich klasse von ihm.

Er kam eines Nachts einfach vorbei, setzte sich an mein Bett, nahm meine schwitzende Hand und erzählte mir aus seinem Leben. Ein sehr netter Mann übrigens, und so ganz anders als erwartet. Überhaupt nicht hochnäsig und postum völlig überrascht über seinen Erfolg. Sokrates war völlig cool und tätschelte mein Händchen. Das wird schon, das wird schon, murmelte er vor sich hin. Entspannen Sie sich erst mal, so verkrampft muss man die Sache nun wirklich nicht angehen.

Ich blickte ihn mit großen Augen an. Der Mann war wirklich völlig relaxed, und es schien ihn auch nicht weiter nervös zu machen, an meinem Bettrand zu sitzen. Philosophie scheint einem echt gutzutun. Vielleicht ist das wie Yoga für den Kopf.

Und dabei ist Sokrates ja nun kein Stoiker, von denen man wohl erwarten kann, die Ruhe in Person zu sein.

Sokrates hat mir dann einfach von seinem Leben erzählt und wie er auf die Philosophie kam. Und er hat mir erzählt, auf was es ihm am meisten ankam. Das war nicht das Wissen, sondern das Fragen. Sokrates gilt als Begründer der abendländischen Philosophie. Mit seiner methodischen Art, Fragen zu stellen, hat er eine neue Form des Denkens entwickelt, genauer: einen Weg, zu prüfen, was und wie wir denken.

Sokrates hat mir mit seiner eindringlichen Stimme (war da ein leichtes Lispeln? Das kann natürlich auch an dem griechischen Zungenschlag liegen) klargemacht: Es geht gar nicht darum – oder zumindest nicht ausschließlich –, Antworten zu haben oder gar Wissen – es geht in der Philosophie, wenn man sie so begreift wie er, vor allem darum, Fragen zu stellen.

Sokrates war *der* große Fragensteller unter den Philosophen. Er hat seine Mitmenschen alles Mögliche gefragt und alles in

Frage gestellt. Das ging für ihn selbst zwar nicht besonders gut aus. Seine ständige Fragerei und sein Alles-in-Frage-Stellen brachte ihm in Athen viele Feinde. Er wurde beschuldigt, die Jugend zu verderben, und zu Tode verurteilt. Er ist der Philosoph, der den berühmten Schierlingsbecher getrunken hat.

Sokrates schüttelt noch heute den Kopf über diesen Wahnsinn damals. Und er ist immer noch der absoluten Überzeugung, dass alles in Frage zu stellen ein wunderbarer Ausgangspunkt ist, um sich mit Philosophie zu beschäftigen.

Einfach Fragen stellen.

Einfache Fragen stellen.

Nichts als gegeben hinnehmen, alles hinterfragen.

Und Fragen stellen, das kann ich ja wohl.

Das kann jeder.

Der berühmte amerikanische Philosoph Michael Sandel sah das in einem Interview mit der *Zeit* übrigens genauso wie ich. »Philosophen sollten sich nicht als Menschen verstehen, die Fragen beantworten, sondern als solche, die Fragen stellen. Sokrates hat Fragen gestellt. Bei ihm kann man in die Lehre gehen. Manche denken sich den Philosophen als jemanden, der von oben herab nach unten Weisheit verteilt. Aber das kehrt die eigentliche Rolle des Philosophen um.«

Ich muss sagen, der Mann ist mir sehr sympathisch. Und Sandel sagte auch: »Gute Fragen sind einfach. Sie stellen in Frage, was offensichtlich erscheint. Die Fragen der Kinder sind aus dem Grund gut, dass sie in ihrer Einfachheit auf Grundlegendes zielen. Die ausgeklügelten Fragen der Philosophie halten oft Abstand zum Grundlegenden.«

Natürlich respektiert Sandel die spezialisierte und akademische Philosophie sehr, das macht er in dem Interview deutlich. Aber er bringt die Philosophie auch »down to earth«, und das macht ihn bei Leuten so beliebt, die nicht Philosophie studiert haben. Denn jeder kann eben Fragen stellen. Und jeder kann über diese Fragen dann diskutieren. Und ist das nicht etwas, was wir unseren Kindern beibringen sollten? Fragen zu stellen? Und alles in Frage zu stellen?

Einfach, um sie aufzufordern, ihren eigenen Kopf zu benutzen und nicht nur den Ideen anderer zu folgen.

Ich halte es für die Aufgabe von Eltern, Kindern genau das beizubringen. Auch wenn die Kinder dabei lernen, die Eltern selbst in Frage zu stellen. Aber tun sie das nicht sowieso irgendwann, und tut es nicht ab und zu gut, in Frage gestellt zu werden?

Vielleicht sollten Kinder das auch vermehrt in der Schule lernen.

In Deutschland gibt es ein paar Ansätze für Philosophie in der Schule – in manchen Bundesländern kann man das Fach im Gymnasium als Grund- oder Leistungskurs wählen.

Aber eben nicht in allen Bundesländern. An Sophies Schule zum Beispiel gibt es keine Philosophie – nur diesen Ethikunterricht für alle, die konfessionslos sind. Und Ethik – also Moralphilosophie – ist ja nur ein kleiner Ausschnitt aus der ganzen Welt der Philosophie.

Das ist schade, und ich frage mich, ob es wirklich sinnvoller ist, dass Sophie die Quadratkilometer aller europäischen Länder auswendig lernt, als dass sie lernt, eigenständig und frei zu denken. Schließlich kann sie in den Zeiten des Internets Information in Form von Zahlen immer direkt irgendwo abrufen. Aber das eigenständige Denken lässt sich nicht googeln. Das muss man üben.

Übrigens sind wir im Lauf des Schreibens auf ein paar mehr oder weniger philosophische Fragen gestoßen, die wir in diesem Buch leider nicht beantworten konnten, die wir aber unseren Leserinnen und Lesern nicht vorenthalten wollen:

* Wieso weiß ich ganz besonders, dass ich nichts weiß, wenn ich Sophie bei Mathe helfen soll?

* Kann man Geschwister wirklich gerecht behandeln? Oder hat man automatisch immer ein Lieblingskind?

* Warum gibt es in Deutschland Kinder, die kein warmes Mittagessen bekommen, und andere tragen Schuhe für über zweihundert Euro?

* Habe ich eine Seele? Und woher weiß ich das?

* Ist die Welt ungerecht oder die Menschen?

* Was ist die Zeit? Und warum kann eine Stunde ganz lang und ganz kurz sein?

* Bin ich eine gute Mutter?

* Wieso dürfen wir Tiere essen, aber die Tiere nicht uns?

* Wie frei bin ich mit Kindern?

* Kann man überhaupt frei sein, wenn man ein Baby stillt? Oder wenn man Kinder hat?

* Und wird Freiheit nicht manchmal überbewertet?

* Wenn ich die Kühlschranktür zumache, ist das Licht dann noch an?

Fragen über Fragen. Und das sind noch längst nicht alle. Wenn man erst mal damit anfängt, entdeckt man eine ganz neue Welt. Vielleicht haben Sie ja eine Antwort auf die eine oder andere Frage. Oder Sie nehmen die Fragen einfach als Grundlage für weitere Fragen. Oder Sie fangen gleich an, wie Sokrates dialektisch zu diskutieren. Sie werden sehen, es macht Spaß.

Sokrates ist übrigens erst im Morgengrauen wieder von meiner Bettkante verschwunden. Kurz bevor mein Mann wach wurde. Der hätte sonst auch ein paar Fragen an mich gehabt, was da ein fremder Mann in unserem Schlafzimmer macht, und dann noch auf meiner Bettkante.
Sokrates und ich hatten uns einfach festgequatscht. Dabei ging es dann schon gar nicht mehr nur um Philosophie. Er hat mir seine Beziehungsprobleme, die im Jenseits ungemindert weitergehen, geschildert, und ich habe versucht, ihm ein paar Tipps zu geben. Ich glaube, er muss einfach etwas aufmerksamer zu Xanthippe sein und sie mit seinen ewigen Fragen (»Wann gibt's Abendessen?«, »Wo sind meine Sandalen?«) etwas verschonen. Ob ich ihm weiterhelfen konnte, weiß ich nicht, ich bin ja nicht gerade eine Beziehungsexpertin. Egal – ich glaube, es hat ihm einfach schon geholfen, sich mal auszusprechen.

4.

ANSTIFTUNG ZUM GLÜCKLICHSEIN

● ○ ● ○ ● ○ ● ○ ●

W ie werde ich glücklich?« Diese Frage stellen sich die Menschen vermutlich schon, seitdem sie von den Bäumen heruntergeklettert sind. Aristippos von Kyrene (435 v. Chr. bis ca. 355 v. Chr.) war vermutlich der erste Philosoph, der eine komplette Glücksphilosophie entworfen hat und die sich kurz so zusammenfassen lässt: Der Weg zum Glück ist die Lust zu maximieren und dem Schmerz auszuweichen.

»Was ist Glück?«, fragen wir Mütter uns manchmal, wenn eine kinderlose Kollegin perfekt gekleidet davon berichtet, dass sie heute noch ihren Kosmetikerin-Gutschein einlöst, danach ins Theater zu einer Uraufführung geht und hinterher bei einem Sternekoch noch das neueste vegane Gericht ausprobiert – mit einem »sehr interessanten Typen« aus der anderen Abteilung vom Nebengebäude. Fragen über Fragen, die sich mir stellen, während ich nach der Arbeit noch zum Supermarkt hetze, einen Streit der Kinder nach dem Abholen von Kita und Hort schlichte, zwischen Hausaufgabenbetreuung und Mannbetreuung (SMS von IHM: »Wird später im Büro, der Chef hat einen Knall, ich kündige gleich!« SMS von MIR: »Schlaf erst einmal eine Nacht darüber, lass uns sprechen, nichts überstürzen!«) versuche, die Quadratur des Kreises beim Kochen (gesund und wohlschmeckend) zu lösen, die Waschmaschine befülle, ausgelaufene Milch aus dem Kühlschrank putze und noch schnell eine Mail des Elternbeirats beantworte – während sich meine kinderlose Kollegin wohl gerade aufgehübscht von der Kosmetikerin in das Theater zur Uraufführung begibt und sich intellektuell und ohne Sabberflecken an einem Kleidungsstück mit dem Kollegen vom Nebengebäude über die aufregenden Hauptdarsteller unterhält.

Ist sie glücklicher als ich? Hm, wer sollte das entscheiden, es gibt ja keinen »Glücksdetektor« analog zum Lügendetektor, obwohl Studien immer wieder versuchen, das Glück zu messen. Demnach leben die glücklichsten Deutschen in Süddeutschland, die unglücklichsten im Osten. Einige behaupten, das Glück liege in unseren Genen, andere sagen, es sei hausgemacht. Und wohl jede hat schon mal darüber diskutiert, ob Geld glücklich macht oder nicht. Eine Untersuchung stellte fest, dass Familie an Weihnachten glücklich macht – aber ob das auch für die restlichen 364 Tage im Jahr gilt, darüber schweigt sich die Studie aus.

Ich jedenfalls bin unglücklich, wenn ich an meine kinderlose Kollegin denke, die umwerfend gutaussehend wohl gerade im Sternerestaurant speist, während ich kaum mehr vor Müdigkeit die Augen aufhalten kann und in Schlabberhosen mit erstickender Stimme ins Kinderzimmer rufe: »Ist jetzt nicht endlich mal Ruhe?!«

Nicht dass jetzt der Eindruck entsteht, ich würde die kinderlos Kollegin beneiden – es handelt sich keineswegs um einen Eindruck, sondern um eine Tatsache! Wie gerne würde ich auch mal nachts schlafen, ohne nicht mindestens einmal ins

Kinderzimmer gerufen zu werden, weil Bast, der Bär, einen Alptraum hatte und Eva mich deshalb zum Trösten braucht. Wie gerne würde ich zur Kosmetikerin und zum Essen ins Sternerestaurant gehen, wie gerne würde ich in der Theaterpause ein Glas Sekt trinken, wie gerne würde ich dieses und jenes tun und ganz einfach einmal in Ruhe all die wunderbaren Dinge genießen, die es außerhalb eines Mutterlebens noch gibt!

Neidisch liege ich nachts neben meinem schnarchenden Mann wach im Bett, nachdem mich Bast, der Bär, bzw. Eva aus dem ersten Schlaf gerissen hat, während die kinderlose Kollegin vielleicht gerade noch den schönsten Teil des Abends erlebt und eine heiße Nacht mit dem interessanten Kollegen aus dem Nebengebäude verbringt …

Was würde ich so ohne Anhang nicht alles tun! Ich würde Seminare in gesunder Ernährung belegen, zur Kosmetikerin und ins Theater gehen und in der Badewanne zu einem Glas Rotwein philosophische Abhandlungen über Glück lesen. Stunden, Tage und Wochen würde ich mit der körperlichen, geistigen und seelischen Pflege meiner selbst verbringen! Kein Mann, der sagt: »Kannst du *ausnahmsweise* heute mal aufstehen für die Kinder?« Kein Streitschlichterdasein mehr morgens um halb sieben. Kein Gehetze mehr zum Büro, weil wir nach dem Frühstück zum gefühlten millionsten Mal eins der Handys der Kinder suchen. Keine Überstunden mehr, um die von kranken Kindern verursachten Arbeitsausfälle wieder hereinzuholen. Keine Mordgelüste mehr, weil der Mann trotz Absprache immer noch im Büro hockt, während ich dringend zum Elternabend wegmüsste. Ja, keine Elternabende an Schulen mehr, das wäre ja alleine schon wunder-wunder-wunderbar!

Nachdem ich endlich über meinen Träumen eingeschlafen bin, weckt mich Bast, der Bär, bzw. Eva noch einmal. »Der ist so traurig, der Bast. Der hat Alpträume und kann nicht schlafen!«, sagt Eva, an meinem Bett stehend.

»Dann sag ihm, dass ich auch unglücklich bin!«, herrsche ich meine Tochter an, obwohl ich doch weiß, dass Bast, der Bär, eins zu eins für Evas Gefühle und Befindlichkeiten steht. Selbst im Schlafdelirium schäme ich mich dafür, meine Tochter so im Stich zu lassen, wenn sie traurig ist.

»Warum bist du unglücklich?«, fragt Eva fürsorglich und setzt sich zu mir an die Bettkante. Um Gottes willen! Jetzt dränge ich Eva auch noch in eine Erwachsenenrolle. Wir Eltern sind schließlich dazu da, den Kleinen eine glückliche Kindheit zu ermöglichen, und dürfen nicht umgekehrt von ihnen erwarten, dass sie uns trösten und bemuttern. Das ist schlicht unfair und zieht womöglich lebenslängliche psychoanalytische Therapien nach sich!

»Ich bin unglücklich, weil … es ist einfach so viel im Job! Aber mach dir keine Sorgen, Eva, ich krieg das schon hin!«

»Jetzt bin ich aber froh«, sagt Eva. »Ich hab schon gemeint, du bist wegen mir unglücklich!«

Oh Gott, das Kind hat die Wahrheit erkannt. Ich hatte von einer Welt ohne meine Kinder geträumt.

Ich stehe auf, betüddele Bast, den Bär, Eva schläft ein, ich wanke ins Bett zurück und kann jetzt erst recht nicht mehr einschlafen. Mit roten Augen werde ich morgen ins Büro kommen. Meine kinderlose Kollegin wird von ihrem Ausgehabend schwärmen, meine Kinder werden ein tiefes Gefühl des Verlassenseins empfinden und mein Mann sich zu Recht beklagen, dass ich so garstig bin. Nie, nie, nie hätte ich mit meinem Neid und Egoismus eine Familie gründen dürfen!

»Gut schaust du aus!«, sagt mein Mann am nächsten Morgen. Ich dachte ja immer, Farbenblindheit überträgt sich über das Y-Chromosom, aber offenbar auch die Tränensäcke-grauer-Teint-rote-Augen-Ignoranz.

»Mama! Du bist die beste auf der Welt«, ruft Eva, nachdem wir ihr Handy gefunden haben. »Und weißt du was, Bast darf jetzt nicht mehr bei mir schlafen, der macht immer bloß einen Zirkus in der Nacht!«

»Mama«, sagt Lukas später im Auto, »wir sind eine richtig glückliche Familie!«

Wie kommen die denn heute um Himmels willen alle auf so etwas?

Aber ich habe keine Zeit, darüber nachzudenken, und ich hetze zur Arbeit.

An der Kaffeemaschine im Büro steht eine verheulte Kollegin mit roten Augen. Die Uraufführung war scheiße, das Essen war scheiße, und vor allem dieser Typ war so scheiße, wie ich mir das als glückliche Ehefrau und Mutter ja gar nicht vorstellen kann. Will der sie doch bloß ins Bett abschleppen und sagt dann noch, ihr sei hoffentlich klar, dass alles ganz unverbindlich sei, Familie sei das Letzte, was er wolle. Die Kollegin schneuzt sich, ehe sie wieder in Tränen ausbricht. Und dann wäre sie dumme Kuh trotzdem noch mit ihm ins Bett gestiegen, wie blöd sei sie eigentlich, und das war dann auch so scheiße wie die Uraufführung und das Essen.

Und weil sie jetzt eh schon bei der Wahrheit sei – ich könne ja gar nicht wissen, wie sehr sie mich beneide, um meinen Mann, um die Kinder, um das stets um mich herumtobende Leben, wohingegen ihr Dasein so aufregend wie das einer Tiefseemuschel sei, von Theaterabenden alle halbe Jahre einmal abgesehen. Keiner stelle ihr unbequeme Fragen, keiner bringe sie noch aus der Fassung, keiner weit und breit würde noch von ihrer Schönheit sprechen, wenn sie einmal nicht mehr sei. Würde ich denn überhaupt wissen, was für ein Glück ich habe mit meiner Familie?

Ich stammle und versuche, ein paar Nachteile aufzuzählen, wie die nächtlichen Störungen, aber ich halte inne und nehme die Kollegin einfach in den Arm, um sie zu trösten. Sie hat recht.

Sollen doch Philosophen immer wieder mühevoll seit zwei Jahrhunderten Alltagsfragen aus ihrer Disziplin ausklammern! Philosophie ist in diesem Sinne auch nur eine Variante des Fluchtreflexes der Männer vor Wickeln, Spülen und anderen Banalitäten. Ich weiß einfach, auch wenn ich sonst nichts weiß, dass Kinder glücklich machen. Die Freude, sie wachsen zu sehen, ist nicht käuflich. Und die täglichen Überraschungen mit den Kleinen – selbst die negativen – heben mein Dasein aus einer zweidimensionalen Ebene in einen vierdimensionalen Raum, wie die neuen Physiker ihn beschreiben. Ich lebe die Quadratur des Kreises zwischen Job, Kinder, Partner und Haushalt – und habe nur ein Problem: Das Glück des bunten Lebens inmitten des Durcheinanders dabei zu übersehen. Vielleicht geht es Ihnen im Alltag ähnlich. Dann halten Sie einmal kurz inne und öffnen Ihre Augen dafür. Ich für meinen Teil muss mich für jetzt aber verabschieden. Mir fallen die Augen zu. Ich muss schlafen. Bast, der Bär, wurde nach der stundenweisen Verbannung wieder ins Bett von Eva geholt, er kann sich jederzeit wieder bemerkbar machen. Aber jetzt schlafe ich erst einmal glücklich ein, weil ich im Grunde so glücklich mit den Kindern und meiner Familie bin. Wie gerne würde ich Sie dazu anstiften, auch glücklich mit den Kindern zu sein und eine eigene »Glücksphilosophie« zu entwickeln! Denn Glücklichsein ist kein Schicksal, sondern eine Entscheidung.

5.

TOT SIND NUR DIE ANDEREN

● ○ ● ○ ● ○ ● ○ ●

Der Tod ist kein Ereignis des Lebens. Den Tod erlebt man nicht«, schreibt Ludwig Wittgenstein in seinem berühmten *Tractatus logico-philosophicus* unter Punkt 6.4311. Er argumentiert damit ähnlich wie Epikur, der im *Brief an Menoikeus* sagte: »So ist also der Tod, das schrecklichste der Übel, für uns ein Nichts: Solange wir da sind, ist er nicht da, und wenn er da ist, sind wir nicht mehr. Folglich betrifft er weder die Lebenden noch die Gestorbenen, denn wo jene sind, ist er nicht, und diese sind ja überhaupt nicht mehr da.« Und wiederum ganz ähnlich argumentierte neulich meine Tochter Eva: »Wenn die Oma tot ist, kriegt sie das ja gar nicht mehr mit.«

Wir fürchten den Tod trotzdem, zumindest die meisten von uns. Unsere Kinder verschwenden keinen Gedanken daran. Warum eigentlich? Sind sie noch nicht reif genug, die Tragweite zu verstehen? Eva und Lukas sind jetzt alt genug und haben auch schon Todesfälle mitbekommen, um zu wissen, was es heißt, wenn ein Mensch für immer weg ist. Ist ihnen der Tod so egal wie mir ein Fußballbundesligaspiel, weil sie gerade mit anderen Dingen wie dem Erwachsenwerden beschäftigt sind? Oder hat ein Kinderhirn trotz allem noch nicht die geistige Reife, die Endlichkeit des eigenen Daseins wirklich zu verstehen? Oder sind die Kinder uns – philosophisch gesehen – in diesem Punkt voraus und denken mit Wittgenstein und Epikur, ohne sie je gelesen zu haben?

Wenn man Wittgenstein in obigem Punkt noch etwas weiterliest, scheint es fast so, als seien unsere Kinder die wahren Philosophen – Wittgenstein führt nämlich weiter aus: »Wenn man unter Ewigkeit nicht unendliche Zeitdauer, sondern Unzeitlichkeit versteht, dann lebt der ewig, der in der Gegenwart lebt. Unser Leben ist ebenso endlos, wie unser Gesichtsfeld grenzenlos ist.« Und wer lebt mehr in der Gegenwart als unsere Kinder?

Ich glaube, das merke ich mir für heute Abend und werde sie nicht ausschimpfen, wenn sie so sehr im Hier und Jetzt sind, dass keiner an Zähneputzen, Schulranzenherrichten oder so irdisches Zeug wie die Brotzeitbox für morgen denkt. Wer möchte – um mit dem Philosophen zu sprechen – seine Kinder schon des ewigen Lebens berauben?

6.

DAS SALZ IN DER WISSENSCHAFTSSUPPE

● ○ ● ○ ● ○ ● ○ ●

Hör mal!«, ruft mein Mann Alex bei der Morgenlektüre der Zeitung. »Ernährungswissenschaftler bestätigen, dass wir viel zu viel Salz essen!«

»Wo ist mein neuer Pulli?«, fragt Eva. »Ich *muss* den heute anziehen.«

»Aber warum hast du ihn dann in die Wäsche?«, frage ich zurück. »Ich wasche erst morgen!«

»Ich brauch noch zehn Euro für Lektüre und Museumstag!« Lukas steht vor mir und hält die Hand auf.

Alex wiederholt sich: »Ernährungswissenschaftler bestätigen, dass wir viel zu viel Salz essen!«

»Das ist mir jetzt egal, Schatz, es ist eilig!«

Beleidigt hält Alex seine Nase wieder in die Zeitung, während Lukas, Eva und ich uns noch hektisch fertig machen für die Schule und das Büro. Ich hasse diese Tage, an denen mein Mann frei hat und offenbar den ganzen Tag nichts anderes tut als Zeitung lesen.

»Tschüss, Schatz!«, säusle ich und gebe Alex einen Kuss. »Dann koch uns doch für heute Abend was Schönes, Salzarmes!«

Mein Mann hat meinen Kommentar richtig verstanden, brummt »gut gegeben« und wünscht mir einen schönen Tag. Abends steht tatsächlich eine Hühnersuppe auf dem Tisch. Wow! Mein Mann hat es geschafft, ohne eine einzige SMS, ohne eine einzige Rückfrage mit mir, einzukaufen und zu kochen. Sogar den Tisch hat er schön gedeckt und das nicht Eva überlassen. Fehlt bloß noch, dass er das Schlachtfeld, das seine Küchenaktion hinterlassen hat, auch noch aufräumt. Aber gut. Ein Wunder pro Tag sollte mir genügen.

»Schmeckt nicht gut!«, sagt Eva.
»Ich hab keinen Hunger!«, behauptet Lukas nach dem ersten Löffel.
Ich gehe zum Küchenschrank und hole Salz.
»Nein!«, ruft Alex. »Das ist ja der Witz an der Sache. Das Salzarme.«
»Aber ein wenig …«
»Heute stand es wieder in der Zeitung, wie schädlich das ist.«
»Hast du schon drei Mal gesagt, Papa!«, kommentiert Lukas.
Wir essen weiter, keiner will den stolzen Koch demotivieren. Gut, es ist auch nicht so ungenießbar wie das »vegane Gulasch« vor einem Jahr, von dessen anstrengender Zubereitung Alex heute noch so berichtet, als hätte er damals eine Polarexpedition organisiert.

»Kochst du morgen wieder?«, fragt Eva leise flehend beim Gutenachtkuss. Ich nicke.

»Das gibt es doch nicht!«, ruft Alex am nächsten Morgen und springt auf. »Ich muss gleich los, aber schau mal, da steht, wir essen zu wenig Salz!« Er hält mir die Zeitung vor die Nase.

»Ich brauch noch einen neuen Ordner!«, drängt Eva.

»Wo soll ich den jetzt hernehmen, kannst du mir das nicht einen Tag vorher sagen?«

»Selbst besorgen, Schwesterlein«, bemerkt Lukas schnippisch und hält die Hand auf. »Mama, ich krieg noch zehn Euro für Lektüre und Museumstag, hast du schon wieder vergessen!«

Alle brechen eilig auf. Ich habe heute Vormittag frei und liebe diese Tage, an denen ich nicht ins Büro hetzen muss.

Kaum sind die Liebsten draußen, mache ich heute, was mein Mann wohl sonst immer an seinen freien Tagen macht: Zeitung lesen. Tatsächlich schreibt das Blatt heute genau das Gegenteil dessen, was es gestern verlautbaren ließ: »Es ist ein alter Mythos, dass wir zu viel Salz essen. Wir brauchen Salz«, steht da. Was stimmt denn jetzt?

Ich googele und finde Pros und Kontras – in der Summe überwiegen die Thesen, dass Salz doch nicht so schädlich sei wie lange angenommen. Meine Mutter ruft an und will ein paar Ratschläge zu ihrer Kartenrunde heute Abend, da ich doch heute erst später ins Büro müsse, »kann man doch einmal ausführlicher reden«. Ich erörtere den ganzen gefühlten Vormittag über, wie sie mit der blöden Inge umgeht und ob Pralinen oder Obst das bessere Gastgeschenk seien. »Obst ist gesund, das passt doch heute besser«, rate ich meiner Mutter. Wie oft hab ich ihr das eigentlich schon geraten?

»Also, ich weiß nicht …«, überlegt meine Mutter.

»Mama, bitte, ich hab noch was zu tun, kannst du das nicht mit Papa klären?«

»Nie hast du Zeit. … Aber gut, du hast ja auch immer viel um die Ohren mit den Kindern«, lenkt sie ein. »Neulich war das auch im Fernsehen, dass Obst gar nicht für jeden so gesund ist. Das hat deine Oma, also meine Mama, immer schon gesagt: Für die einen ist es gut, für die anderen nicht.«

Meine Oma war eine patente Person, die boxen ging, als Mädchen das noch nicht durften. Sie trank jeden Abend ein Glas Rotwein und scherte sich nichts, aber auch gar nichts, um gesellschaftliche Verpflichtungen oder Vorschriften. Was hätte sie nun getan? Genau, sie hätte einfach alle ignoriert oder wäre der Sache nachgegangen – und das tue ich jetzt auch.

Der Weg vom Salz zu den Ernährungswissenschaftlern ist nicht weit. Noch ein paar Klicks weiter lande ich bei den Skeptikern, die der Ernährungswissenschaft Scharlatanerie unterstellen, weil die Methoden immer zu unsauber seien. Viel zu viele Faktoren spielten für die Gesundheit eine Rolle, und sie seien nicht sauber zu trennen, so dass man ein langes Leben weder alleine auf den täglichen Apfelverzehr noch auf den regelmäßigen Genuss von Olivenöl zurückführen könne. Aber wie kommt es, dass wir den Wissenschaftlern alles glauben, so wie früher den Pfarrern auf der Kanzel?

Die Wissenschaftsphilosophie untersucht genau das. Karl Popper (1902–1994) erkannte, dass sogar naturwissenschaftliche »Wahrheiten« immer nur Theorien sind. So, wie es lange als unumstößliche Wahrheit in der wissenschaftlichen Welt galt, dass die Erde eine Scheibe sei oder sich die Sonne um die Erde dreht, und Zweifler diese »Wahrheit« mit dem Leben bezahlten, so sehr *glauben* wir eigentlich auch nur »gesicherte Erkenntnisse«. Die Wahrheit einer wissenschaftlichen

Theorie lässt sich Popper zufolge nie ganz beweisen. Und deshalb sollte man Theorien nicht *beweisen,* sondern versuchen, sie zu *widerlegen.* Man sollte allgemeine Aussagen nicht zu bestätigen versuchen, sondern nach Gegenbeispielen suchen. Wenn ich also behaupte: »Alle Vögel können fliegen«, so sollte ich nicht nach Spatzen, Eulen oder Amseln Ausschau halten, sondern nach einem Vogel Strauß.

Später erweiterte Popper seine Theorie auch in Hinblick auf die Gesellschaft und Politik. Er schrieb das zweibändige Werk *Die offene Gesellschaft und ihre Feinde.* Gewissheit ist in der Politik, so Popper, ebenso wenig zu haben wie in der Wissenschaft. Und deshalb sollte man immer auch andere Standpunkte zulassen.

Aha, denke ich. Dann ist es also gar nicht so schlecht, wenn die Wissenschaftler sich widersprechen. Gott sei Dank kann das unsere Gesellschaft auch zulassen.

Plötzlich ist es Mittag, über das Nachgucken hatte ich fast die Zeit vergessen. Ich breche hektisch ins Büro auf. Und was sagt mir Popper jetzt für den Einkauf für heute Abend? Was soll ich kochen? Also wenn die Wissenschaft sich nicht einig ist, dann koche ich auf jeden Fall etwas, was uns allen schmeckt – egal wie viel Salz drin ist. Bis wirklich widerlegt ist, dass Salz schädlich ist, lassen wir es uns einfach schmecken – außer Alex will uns wieder die Suppe »versalzen«. Aber dann werde ich ihn auf Popper und die Wissenschaftstheorie verweisen. Das wird ihn beeindrucken – und wir kommen zu einem schmackhaften Essen.

7.

HABEN NUR
KINDSKÖPFE KINDER?

● ○ ● ○ ● ○ ● ○ ●

Warum bekommen wir eigentlich Kinder? Vom Standpunkt einer modernen, vernünftigen Frau aus gesehen ist es eigentlich absurd, sich Nachwuchs anzutun: Er raubt uns den Schlaf und jede Menge Nerven, er kostet eine Unmenge Geld und nicht selten die Karriere, er schränkt unsere Freiheit und Beweglichkeit ein. Wenn wir uns Kinder wünschen und Kinder kriegen, werden wir auf eine gewisse Art selbst zu Kindern – zu unvernünftigen Wesen.

Warum also bekommen wir eigentlich Kinder? Philosophen gaben auf diese Frage die unterschiedlichsten Antworten – obwohl das Thema in Zeiten vor zuverlässiger Empfängnisverhütung nicht groß im Raum stand. Kinder schenkte die Natur oder Gott. Sie sicherten die Altersversorgung und darüber hinaus den Bestand unserer Art. Die philosophischen Fragen stellten sich deshalb eher zu der Natur an sich. So schreibt Aristoteles in seinem Werk *Politik*, dass die »Altersversicherung« der tiefere Grund für das Kinderkriegen sei. Unsterblich werde man damit trotzdem nicht – das ginge alleine über das Philosophieren und dem damit einhergehenden Ruhm, der den Menschen überlebt, meint der griechische Philosoph.

Im Mittelalter gab es zeitweise eine ganz klare »kinderfeindliche« Tendenz. Im Namen der Verehrung des Jesuskindes und damit aller Kinder wurde empfohlen, keine Kinder zu haben und enthaltsam zu leben. Die logische Begründung dessen konnten wir nicht finden.

Und heute? Nach wie vor beschäftigt das Thema die Philosophie nicht allzu sehr. Entsprechend fragte die erste Ausgabe des *philosophie MAGAZINS* nicht die großen Denker, sondern ganz normale Menschen heute danach. »Warum wollen wir Kinder?«, lautete die Umfrage, die zusammen mit TNS Emnid durchgeführt wurde. Die drei Hauptgründe dafür sind demzufolge: »Um einem Kind das Leben zu schenken«, »um Familienwerte weiterzugeben« und »um einen fröhlicheren Alltag zu haben«. Viel weniger entscheidend für das Kinderkriegen sind religiöse Gründe oder der Wunsch, im Alter nicht alleine dazustehen oder nach dem Tod etwas von sich selbst zurückzulassen.

Das Umfrageergebnis wiederum interpretieren die Philosophen des Magazins so: »Drei Grundannahmen lassen sich aus diesem Ergebnis herausfiltern: 1. Das Leben ist schön (sonst wollte man es nicht schenken). 2. Werte sind wichtig. 3. Familie macht glücklich und besteht aus mehr als zwei Menschen.«

Kinderkriegen ist demnach vernünftiger als gedacht und keine Angelegenheit von Kindsköpfen.

8.

DAS GEHT IN DIE HOSE!

● ○ ● ○ ● ○ ● ○ ●

In der Steinzeit ging's ohne, im Tierreich geht's ohne, und bei siebzig Prozent der Weltbevölkerung geht's auch heute noch ohne – Babywindeln sind eine Erfindung der Zivilisation. Doch während sich unsereiner darüber ebenso wie über die Erfindung einer Waschmaschine freut, gibt es in New York einen neuen Trend, Babys ganz ohne Windeln aufzuziehen. Die Methode nennt sich EC und steht für »Elimination communication«. Eltern verzichten dabei auf die Windeln und tragen die Babys fast immer mit sich herum, um zu spüren, wann sich Blase und Darm regen. Dann halten sie das Kind über die Toilette oder ein Gefäß.

Sie finden das absurd oder total bescheuert oder völlig unpraktisch? Wir auch. Doch die EC-Anhänger glauben ganz fest daran, dass diese Methode ihre Kinder glücklicher macht. Wie bei so vielen ganz neuen Trends berufen sich die Freaks dabei auf einen alten Herren und seinen philosophischen Schlachtruf. »Zurück zur Natur« heißt die Aufforderung von Rousseau – die ausgerechnet in Großstädten wie New York die größten Blüten treibt.

»Zurück zur Natur« wollen wir auch, wenn wir Stoff- statt

Einmalwindeln verwenden, wenn wir Baumwolle statt Synthetik kaufen, unsere Gemüsebeete nicht düngen, Gentechnik ablehnen, bei Manufactum »die gute alte Wurzelbürste« kaufen, mit Wadenwickeln statt mit Medikamenten Fieber senken und statt Plastikspielzeug den Kindern Holzstecken geben.

Naturvölker wiederum möchten eigentlich nirgendwohin zurück, sondern eher vorwärtskommen. Es scheint fast so, als sei die Sehnsucht nach Natur umso stärker, je höher die Zivilisation ist und damit unser Alltagsleben leichter. Meine Oma hätte mir sicher den Vogel dafür gezeigt, dass ich meine Kinder, als sie noch klein waren, mit dem Fahrrad durch die Gegend kutschierte statt mit dem viel praktischeren Auto (Finanzen und Umweltschutz jetzt mal außen vor gelassen). Und Kinder wiederum – von wenigen Ausnahmen abgesehen – wollen eigentlich nie irgendwohin zurück und schon gar nicht in die »Natur«. »Spielzeugfreie Kindergartentage« sind ihnen ein Greuel, und jeden vom Opa handgeschnitzten Säbel würden sie sofort und ohne mit der Wimper zu zucken gegen ein Plastikimitat aus China eintauschen. Ein Waldspaziergang oder eine Stunde fernsehen? Sie wissen, wie die Antwort ausfällt.

»Zurück zur Natur« fordern eigentlich nur so durchgeknallte »Zivilisierte« wie wir oder die in New York.

9.

DIE JUGEND VON HEUTE

● ○ ● ○ ● ○ ● ○ ●

Also eins möchte ich hier jetzt mal klarstellen: Früher war eindeutig alles besser.

Das sieht man zum Beispiel schon am Wetter. Die Frühlinge und Sommer meiner Kindheit und Jugend waren endlos, warm, voller unvergessener chlorgeschwängerter Tage im Schwimmbad und nicht so verregnet wie zum Beispiel jetzt gerade, da ich das hier schreibe, an einem verregneten Maitag, an dem es seit Wochen nur so runterschüttet. Ich kann mich gar nicht mehr daran erinnern, wann ich zum letzten Mal die Sonne gesehen habe, und egal, was die Meteorologen uns mal wieder dazu erzählen wollen – das ist nicht normal.

Also, das ist schon mal Beweis Nummer eins für meine Früher-war-alles-besser-Theorie. Und das Wetter ist nun mal ganz sicher nicht das Einzige, was früher eindeutig besser war.

Das Bio-Essen zum Beispiel könnte gut als Beweis Nummer zwei herhalten. Wahrscheinlich habe ich in meiner Kindheit quasi aus Versehen fast nur bio gegessen, weil diese ganzen Zusatzstoffe, Pestizide, Farb- und Konservierungsstoffe noch gar nicht erfunden waren. Und »Bio«-Aufdrucke auf Lebens-

45

mitteln oder Bio-Supermärkte gab es damals schon mal gar nicht. Meine Mutter musste sich nie im Supermarkt zwischen zwei Abteilungen entscheiden, und wenn es Eier gab, gab es einfach Eier, und niemand hätte jemals – wie Sophie heute ab und zu – nachgefragt, ob das auch wirklich Bio-Eier sind, da der Begriff »Bio-Eier« noch gar nicht erfunden war, obwohl es diese Art von Eiern doch schon gab. Das ist im Übrigen ein interessantes und sicherlich auch philosophisches Problem, das Wittgenstein, wenn er denn noch leben würde, sehr interessiert hätte, schließlich ist er der große Sprachtheoretiker unter den Philosophen. Gibt es ein Bio-Ei, wenn man noch gar keinen Begriff für Bio-Ei hat? Und existiert dann dieses Bio-Ei trotzdem? Oder ist es dann nur ein Ei und gar kein echtes Bio-Ei, obwohl es natürlich von seinem Wesen her durchaus ein Bio-Ei ist? Und ist ein Bio-Ei wirklich in der Wirklichkeit, oder ist es nur eine Erfindung der Ökos und Bauern?

Aber ich schweife gerade ab.

Es ist völlig klar, dass noch viel früher, damit meine ich so alles vor 1900, also dass damals alle Menschen auf der ganzen Welt automatisch und immer nur bio gegessen haben. Was anderes gab es da nämlich gar nicht. Das muss man sich als Mutter mal vorstellen. Alles und immer nur bio. Und das ohne Aufpreis!

Mein Gott, waren das noch Zeiten.

Nie musste man als Mutter irgendwo rumstehen und mühsam das Kleingedruckte auf irgendwelchen Lebensmittelverpackungen lesen oder fünf Kilometer extra mit dem Fahrrad in den nächsten Bio-Markt zum Einkaufen radeln, weil der Supermarkt um die Ecke keine Bio-Milch mehr hat und man sein Kind ja nicht vergiften will.

Leider war die Milch damals dann aber wahrscheinlich auch nicht pasteurisiert und homogenisiert und weiß der Teufel, was die heutzutage alles mit der Milch anstellen, das dann zu diversen Krankheiten bei einem selbst und bei den Kindern führt, und damit ist dieser ganze Bio-Effekt dann doch nicht ganz so toll wie gedacht – aber wir wollen jetzt hier nicht kleinlich sein.

Also, früher war alles eindeutig besser. Das steht ja wohl zweifelsfrei fest. Und das sieht man als Mutter im Übrigen auch an den Kindern und Jugendlichen heutzutage.

Sophie ist jetzt elf, lässt das mit dem Kindsein langsam hinter sich und bewegt sich mit großen Schritten Richtung Pubertät. Wahrscheinlich ist sie schon mittendrin, und ich hab es nur noch nicht so richtig bemerkt.

Frage: Zählt das Anbringen eines selbstgebastelten Türschilds an ihrem Kinderzimmer mit der Aufschrift »Eltern und Kinder müssen leider drausen bleiben« als zarter Beginn der Pubertät?

Ich nehme es mal an, da noch vor einem halben Jahr solche Schilder nicht angebracht wurden. Sophie hat übrigens auf meine verblüffte Frage: »Also, ich verstehe ja, dass Eltern draußen bleiben sollen – aber Kinder? Du bist doch selbst ein Kind«, sehr selbstbewusst geantwortet, dass sie natürlich kein Kind mehr sei, sondern eine Fast-schon-Jugendliche.

Okay, es gibt nichts mehr dran zu rütteln, Sophie ist quasi mit einem Fuß bereits in der Pubertät. Und irgendwann gibt's wahrscheinlich dann an Sophies Zimmertür keine Warnschilder mehr, sondern gleich Minenfelder im Parkettboden, sollte ich mich an ihre Verbote nicht halten.

Gnade mir Gott, das kann ja heiter werden. Jetzt ist dann wohl endgültig Schluss mit lustig, und ich kann mich auf ein paar harte Jahre gefasst machen.

Und damit sind wir bei Beweis Nummer drei, den ich jetzt gleich logisch darlegen werde: Die Jugend von heute war früher auch mal besser.

Ich hätte mich in jedem Fall nicht getraut, so ein Schild mit elf Jahren an meine Zimmertür zu hängen. Erstens kam meine Mutter immer ins Zimmer reingeplatzt, egal wie peinlich es und wie alt ich schon war, und dagegen hätte auch kein Zettel an der Tür geholfen. Und zweitens hätte mein Vater mir eine saftige Standpauke gehalten wegen der Verschandelung der Tür mit Tesafilm und noch schlimmer, wegen des Rechtschreibfehlers im Text.

Wenn ich mich so bei meinen Freunden und Bekannten umschaue: Die Pubertät ist für die Eltern heutzutage kein Kinderspiel mehr, und alle (wahrscheinlich inklusive der Jugendlichen) sind froh, wenn sie endlich überstanden ist.

Fast jeder Vater und fast jede Mutter, deren Kinder in Richtung Pubertät gehen oder mittendrin sind, hat sich nämlich garantiert schon mal gedacht, dass die Jugend von heute irgendwie vollkommen verwahrlost, versagt, vergammelt – oder sollte man vielleicht heute eher sagen »verchillt« ist.

Und somit die Zukunft des Landes und die der Welt nicht mehr zu retten.

Mag sein, dass man das nicht unbedingt von den eigenen Sprösslingen denkt (die haben Nestschutz, egal, was sie so treiben), aber von den Kindern anderer Leute hat das wahrscheinlich schon jede Mutter mal gedacht.

Als Mutter hört und sieht man ja auch immer wieder ganz erstaunliche Geschichten.

Der Sohn eines unserer Freunde zum Beispiel hängt seit seinem Abi vor zwei Jahren ab und macht einfach gar nichts mehr außer Party. Die Wohnung der Eltern verwandelt sich langsam, aber sicher in eine nicht besonders gut riechende Lasterhöhle, der Vater rechnet jeden Augenblick mit der Drogenfahndung vor der Tür, wobei die hübschen Mädels, die abwechselnd oder auch gleichzeitig aus dem Zimmer seines Sohnes strömen, ihn doch immer wieder etwas milde stimmen. Die Mutter hingegen ist völlig verzweifelt, und auch der Versuch, ihren Sohn einfach rabiat mit Sack und Pack und ohne Geld über Nacht aus dem elterlichen Haus zu werfen, endete nur damit, dass er am nächsten Tag über eine offen gelassene Balkontür wieder reinkam. Nicht lustig, das Ganze – für die Eltern, meine ich. Der Sohn fühlt sich offensichtlich pudelwohl.

Und das ist nur ein Trauerspiel von vielen in meinem Freundes- und Bekanntenkreis. Die Tochter der Bekannten einer Bekannten zum Beispiel ist mit sechzehn schon von vier Schulen geflogen. Jetzt blieb den armen Eltern nichts anderes mehr übrig, als dem »Kind« eine sauteure Privatschule zu bezahlen, die die Eltern bis weit nach der Rente verschulden wird, und Urlaube für die Familie außerhalb von Balkonien sind in den nächsten Jahren damit gestrichen.

Und über richtige Hardcore-Sachen wie Pornobilder auf dem Handy eines Zwölfjährigen oder Komasaufen mit dreizehn will ich hier ja gar nicht reden.

Wohin man auch blickt, die Jugend von heute steht nicht besonders gut da.

Und jeder, der schon mal etwas ausführlicher mit Erziehern oder Lehrern gesprochen hat, merkt, dass auch deren Meinung über die Kinder und Jugendlichen heutzutage nicht gerade positiv ist.

Beim letzten Elternabend zum Beispiel hat sich Sophies Lehrer ausführlich darüber beklagt, dass er einen großen Teil der Unterrichtsstunde darauf verwenden muss, die Klasse erst mal ruhig zu kriegen, damit Lernen überhaupt möglich ist. Und das war in seinen Klassen vor gut zehn Jahren eindeutig noch nicht der Fall. Und das alles wird, wenn es in Richtung Abi geht, nicht unbedingt besser.

Der Berufswunsch der meisten Zehntklässler ist: abchillen, bis der Arzt kommt, oder mit Nichts-Können und Nichts-Wissen schnell mal für fünf Minuten Deutschlands nächster Superstar oder das nächste Möchtegern-Topmodel werden.

Übrigens habe ich Sophie versprochen, dass ich sie an den Haaren von der Bühne ziehen werde, sollte sie jemals versuchen, einen solchen Quatsch mitzumachen. Aber ob sie das wirklich davon abhalten wird?

Mit Wissen, Bildung, Engagement, Interesse oder sogar philosophischem Nachdenken über sich und die Welt etc. hat dieses ganze »Ich-will-ganz-dringend-ganz-schnell-berühmt-werden-ohne-was-machen-zu-müssen« überhaupt nichts mehr zu tun.

Da war ja meine Generation um einiges politischer und engagierter. Ich wollte nicht Topmodel werden, ich trug lila Latzhosen als Ausdruck meiner feministischen Gesinnung (ein modischer Fauxpas aus heutiger Sicht, ich weiß, und ich meine damit natürlich die Mode und nicht den Feminismus) und ging auf Demos für den Frieden und gegen Pershings. Heutzutage wissen die Kids ja noch nicht mal, was eine Pershing ist. Damals hab ich zwar vielleicht auch manchmal nicht so wirklich kapiert, um was es ging, aber immerhin: Wir haben demonstriert und diskutiert, was das Zeug hielt.

Also, wenn ich mir die Jugend heute so anschaue: Wohin soll das alles noch führen? Da kann man doch nur den Kopf schütteln. Und damit befinde ich mich offensichtlich in bester Gesellschaft:

»Die Jugend von heute liebt den Luxus, hat schlechte Manieren und verachtet die Autorität. Sie widerspre- chen ihren Eltern, legen die Beine übereinander und ty- rannisieren ihre Lehrer.«

Was meinen Sie, von wem das ist? Von Sokrates.

»Ich habe überhaupt keine Hoffnung mehr in die Zu- kunft unseres Landes, wenn einmal unsere Jugend die Männer von morgen stellt. Unsere Jugend ist unerträg- lich, unverantwortlich und entsetzlich anzusehen.«

Das fand damals schon Aristoteles.

Und auch Platon, der Dritte der großen griechischen Philoso- phen, weiß über die Jugend seiner Zeit nicht viel Gutes zu berichten:

»Die Schüler achten Lehrer und Erzieher gering. Über- haupt, die Jüngeren stellen sich den Älteren gleich und treten gegen sie auf, in Wort und Tat.«

Ein Blick in den Abgrund! Das Tröstliche an alldem ist: Wir Mütter befinden uns mit unseren finsteren Gedanken in bester Gesellschaft der größten Philosophen des Abendlandes. Also, ich tröste mich zumindest damit, wenn mir beim Anblick meines eigenen oder diverser fremder Kinder mal wieder so Gedanken durch den Kopf sausen wie:

- »Aus dem wird doch nie was, der kann in der Fünften noch nicht mal richtig lesen und schreiben.«
- »Ich hätte mich nie getraut, das so zu meiner Mutter zu sagen.«
- »Also, ich hab mich in diesem Alter noch für was anderes als Klamotten und Jungs interessiert.«
- »Ein eigenes iPad mit neun? Es hakt wohl?!«

Sophie interessieren meine Gedanken und Ermahnungen dazu im Übrigen überhaupt nicht. Was schert sich die Jugend um die Alten? Das zumindest war bei mir früher kein Deut anders, als es heute ist.

Das Gerede meiner Eltern ging ab einem gewissen Alter bei mir zum einen Ohr hinein und zum anderen Ohr wieder hinaus.

Und mich beschleicht das leise Gefühl, ich muss bei Sophie einfach nur abwarten, bis sie selbst Mutter ist und ihre Kinder in der Frühpubertät. Ich bin ganz sicher, dass sie dann auch oft sehnsuchtsvoll denkt: Früher war alles besser, und wenn die Kinder so weitermachen, geht alles den Bach runter. Schön, dass sie sich dann auf Platon, Sokrates und Aristoteles berufen kann.

Nur was das Wetter betrifft, glaube ich, da wird Sophie sich leider nur an eine verregnete Kindheit erinnern können.

10.

DAS LEBEN ALS WERK

● ○ ● ○ ● ○ ● ○ ●

Simone de Beauvoir (1908–1986) gilt als eine der Begründerinnen der modernen feministischen Philosophie. Sie stellte im vergangenen Jahrhundert die These auf: »Wir werden nicht als Frauen geboren, sondern dazu gemacht.« Nicht die biologischen Fakten begründen damit Geschlechterunterschiede, sondern unsere Rollenzuschreibungen. Sprich: Ich kümmere mich nicht deshalb um meine Kinder, weil meine weibliche Natur das verlangt, sondern weil es die Gesellschaft von mir erwartet und mich dazu erzogen hat. Oder: Ich mache nicht deshalb mehr im Haushalt als mein Mann Alex, weil ich als Frau von Natur aus zur Haushaltsführung neige, sondern weil Alex gesellschaftlich gesehen eine größere Machtstellung hat und ich deshalb die Drecksarbeit erledige – vornehmer formuliert: Ich übernehme die reproduktive Arbeit. Keiner würde heute mehr behaupten, Frauen seien von Natur aus dümmer oder dank ihres Körpers für Hausarbeit geschaffen. Mitte des vergangenen Jahrhunderts waren solche Argumente aber durchaus noch üblich, und Beauvoir gebührt der Verdienst, diese Begründungen erst einmal zerlegt zu haben.

Bis ich selbst Kinder hatte, war auch ich komplett davon überzeugt, dass alle anderen Eltern einen Knall haben, weil sie Mädchen und Jungs so verschieden erziehen, dass immer noch die alten Rollenbilder dabei herauskommen.

Dann kam Lukas auf die Welt. Er konnte noch nicht sitzen, aber in der Krabbelgruppe schob er stundenlang auf dem Boden liegend Spielzeugautos hin und her und betrachtete fasziniert die Räder. Eins seiner ersten Worte war »Auto«, und die verschiedenen Automarken brachte er sich selbst bei. »Mama-Auto« war ein Renault, »Opa-Auto« ein Peugeot, »Nina-Auto« ein Mercedes und »Dede-Auto« ein Opel. Ein »Papa-Auto« gab es nicht, denn mein Mann mag keine Autos und fährt lieber mit dem Fahrrad. Woher hatte Lukas also seine Begeisterung für die Fahrzeuge? Wir wunderten uns – das Rollenvorbild meines Mannes konnte es jedenfalls nicht sein.

Dann kam Eva auf die Welt. Wir gaben ihr Spielzeugautos wie dem Bruder. Was machte Eva damit? Sie brachte die Autos abends zu Bett und deckte sie mit einem Gutenachtkuss zu.

Man kann nun ganz zu Recht einwenden: Aber die Kinder haben ja nicht nur die Eltern als Rollenvorbild, sondern die ganze Gesellschaft! Lukas konnte beispielsweise mit Männern verknüpfte Autowerbung gesehen haben, Eva irgendwo das Bild einer Frau, die fürsorglich die Kinder ins Bett bringt. Aber meine Zweifel bleiben – ebenso übrigens wie bei allen anderen Müttern, die ich persönlich kenne. Eine jede erzählt eine ähnliche Geschichte, und voll Verwunderung fragen wir uns, ob nicht doch weniger anerzogen ist, als wir als Kinderlose noch glaubten.

Schade, dass Simone de Beauvoir keine Kinder hatte und der Frage dann noch einmal neu hätte nachgehen können. Aber gut, mit diesem Typ an der Seite, den sie hatte, hätte ich auch keine Kinder haben wollen – der damalige Starphilosoph Jean-Paul Sartre führte mit ihr eine »offene Beziehung« und schlief manchmal vor ihren Augen mit anderen Frauen. Ob sie damit glücklich war? Sicher ist nur, dass sie nicht so werden wollte wie ihre eigene Mutter – und sich weigerte, auch nur einen Strich im Haushalt zu machen, weshalb sie auch nicht mit Sartre zusammenzog. Und vielleicht wollte sie auch nur anderen Frauen Mut machen, aus alten Rollenbildern auszubrechen? »Mein wichtigstes Werk ist mein Leben«, sagte sie.

11.

DIESSEITS VON GUT UND BÖSE

● ○ ● ○ ● ○ ● ○

Der Mensch sei von Natur aus gut und werde erst durch Kultur, Vernunft und Gesellschaft verdorben – sagt Jean-Jacques Rousseau (1712–1778). Mannomann! Hatte der Mann keine Kinder? Doch, sogar fünf, aber die gab er einfach in ein Heim. So arbeitet es sich natürlich viel ungestörter am Schreibtisch oder im Büro, und man kann auf solche Ideen kommen wie: Die natürlich guten Anlagen eines Kindes müssten sich frei entfalten dürfen.

Nachträglich sollte man den Denker zu einem Besuch bei meiner Freundin Karin verdonnern. Karin ist Anwältin, ihr Mann Architekt, beide führen eine glückliche Beziehung und sind herzliche, höfliche Menschen. Doch die Kinder haben es in sich. Das Mädchen beißt im Kindergarten andere Kinder, wie es ihm gerade passt. Der Junge verprügelt in der Krippe jeden, der ihm in den Weg kommt. Karin ist deshalb manchmal verzweifelt – warum ausgerechnet ihre Kinder so etwas tun?

Ich kann sie beruhigen. Mein Lukas hat seiner Schwester einmal mit so einer Wucht die Schaufel auf den Kopf geschlagen,

dass sie umkippte. Und Eva wiederum hat einmal Lukas'
Lieblingsplaymobilkiste heimlich in den Müll geworfen. Bis
zu einem gewissen Alter schlugen, kratzten und bissen die
beiden, wann immer es ihnen gerade passte. »Das legt sich
schon noch!«, sagte ich mit meinen zehn Jahren Mutterwis-
sensvorsprung zu Karin. »Dann werden sie vernünftiger und
sozialer.«

Einen von Natur aus guten Menschen kann eigentlich nur jemand erfinden, der sich im Alltag nicht mit der Erziehung
herumgeschlagen hat und nicht zum gefühlten zehntausends-
ten Mal sagt: »Das tut man nicht«, oder vielmehr eine kom-
munikationspsychologisch korrekte Ich-Botschaft absetzt:
»Mir ist das peinlich, kannst du damit aufhören?!«

Rousseau, der seine fünf Kinder ins Heim gab, verfasste außerdem auch noch Erziehungsschriften und belehrte damit
die Mütter. Sie hätten die Kinder vor verbildenden Einflüssen
fernzuhalten. Das kommt ungefähr so gut, wie wenn mein
Mann fragt: »Warum lässt du die Kinder so lange fernsehen?« – nachdem ich fünf Minuten Medienzeit überzog, um
noch schnell die Wäsche fertig zu bekommen, während er am
Rechner saß. Für solche Sätze könnte ich ihn umbringen,
ähem, also richtig böse werden.
Der an sich gute Mensch, die Kinder, würden nur durch
schädliche Einflüsse verdorben und dadurch böse, meint also
Rousseau. Ist dann aber im Umkehrschluss der Mensch von
Natur aus böse, zettelt deshalb Kriege an, und erst die Zivilisation und unsere Erziehung macht ihn »gut«? Diese Auffassung vertrat ein paar Jährchen vor Rousseau der britische Philosoph Thomas Hobbes (1588–1679). »Der Mensch ist von

Natur aus böse«, schrieb der Brite und begründete damit, dass es strenge Herrscher und harte Strafen brauche. Der böse Mensch gehörte seiner Meinung nach gebändigt.

Die klassische Diskussion über das Thema ist mittlerweile etwas abgeebbt, denn die meisten Philosophen sehen das so wie Sie und ich: Der Mensch ist weder von Natur aus gut noch böse. Und deshalb bin ich mir auch ganz sicher, dass aus Karins Kindern einmal noch ganz freundliche und soziale Erwachsene werden.

12.

DES PUDELS KERN

●○●○●○●○●

So, wie es einen Mondzyklus mit Ebbe und Flut für alle Menschen gibt, so gibt es in meiner Familie einen Haustierzyklus. In regelmäßigen Abständen kommt eins der Kinder mit dem Wunsch, einen Hamster, eine Schildkröte, ein Pferd, einen Hund oder einen Elefanten bei uns beherbergen zu wollen. Den Elefanten konnte ich ganz schnell geistig entsorgen mit dem Argument, dass dafür in unserer Stadtwohnung mindestens ein Kinderzimmer geopfert werden müsste. Zum Hamster erklärte ich ihnen alle Schrecken der bösen Käfighaltung, zur Katze verwies ich auf den Großvater, der eine Katzenhaarallergie hat. Das Pferd konnte mein Mann erfolgreich verhindern (»Ich bin kein Bankmanager! Was glaubt ihr, was das kostet!«), und die noch nicht vorhandenen Schildkröten vertrieb ich mit einem einfachen Trick: »Ach, die sind doch so was von langweilig!«

»Stimmt doch gar nicht!«, entgegnete Lukas.

»Und ob, ich zeig euch mal, was Langeweile ist!«

Eine Stunde ließ ich die Kinder die Wohnung kehren, Betten überziehen und Geschirr mit der Hand abspülen. Schildkröten wurden seither nie mehr gewünscht.

Aber der Haustierwunsch ist trotzdem nicht totzukriegen, und mir ist bisher noch kein wirklich überzeugendes Gegenargument eingefallen. Alle paar Wochen wünschen sich meine Kinder einen Hund. Nun ist es nicht so, dass ich etwas gegen Haustiere habe, im Gegenteil, ich mag Katzen, Hunde, Wellensittiche und Schildkröten eigentlich ganz gern und habe schon heimlich mit dem Gedanken gespielt, mir einen Hund zuzulegen, wenn die Kinder eines Tages ausziehen und die Wohnung plötzlich ganz ruhig und leer sein wird und ich dann vielleicht in ein Loch falle. Aber bis dahin dauert es noch ein paar Jahre. Und in diesen kostbaren Jahren meines Lebens werde ich nicht, nicht, nicht und niemals nie, wenn die Kinder endlich schlafen und ich müde aufs Sofa falle, mit dem Hund Gassi gehen. Ich werde auch nicht, nicht, nicht und niemals nie nach dem Aufstehen zwischen Frühstückszubereitung, Kinder-zum-Anziehen-Animieren, Duschen, Brotzeit-Herrichten und Aus-dem-Haus-ins-Büro-Hetzen noch mit dem Hund Gassi gehen.

Ich werde auch nicht, nicht, nicht und niemals nie meine Badewannenstunde am Wochenende für einen Hundespaziergang opfern! Denn eines ist sonnenklar: Ein Haustier würde nach der ersten Euphorie und einem anschließenden Abflauen der Begeisterung irgendwann unaufhaltsam in meinen, und zwar ausschließlich meinen, Aufgabenbereich fallen. Und mit Hunden ist es nun mal nicht so wie mit den ganzen Sport- und Musikgeräten, die zuerst im Kinderzimmer und dann im Keller ein ganz elendiges, nicht mehr beachtetes Dasein fristen, ehe sie vergammeln. Und dabei waren ein Skateboard, ein Judoanzug, ein Basketball der »M«-Größe, Ballerinas und ein Boxsack irgendwann einmal noch viel überlebensnotwendiger für die Kinder als ein Hund und mussten

SOFORT angeschafft werden. Flöte, Gitarre und Trommeln können aber im Gegensatz zu Haustieren verstauben und müssen nicht Gassi gehen, sie brauchen nichts zum Fressen und keine Tierarztbesuche.

Des Pudels Kern an der Geschichte liegt aber noch woanders – ich habe ständig so viel um die Ohren, dass ich einfach nicht noch mehr Lebendiges dazu brauche. Schließlich bin ich kein Arthur Schopenhauer, der sich zeitlebens einen Pudel hielt. Der verschrobene Philosoph und Einzelgänger ohne Familie nannte seinen Hund »Atman« (nach dem Sanskrit-Wort für Lebenshauch, Atem) und war der Ansicht, dass in jedem Hund gleichzeitig ein anderer Hund enthalten sei. In jedem Tier stecke also gleichsam die Idee eines jeden anderen auch. Und so auch im Menschen. Goethe bezog sich darauf und erfand so die Wendung von »des Pudels Kern«, wie wir sie heute noch verwenden. Und Schopenhauer setzte seine Philosophie konsequent um. Starb ein Pudel, was etwa alle zehn Jahre vorkam, suchte er sich einfach ein neues, ähnlich aussehendes Tier, nannte es auch wieder »Atman« und ging wie gewohnt täglich mit ihm Gassi.

Ohne Familie hatte der Mann einfach Zeit für das Spazierengehen mit dem Hund. Denn die Ehe lehnte Schopenhauer immer ab. »Heiraten heißt das Mögliche thun, einander zum Ekel zu werden. [...] seine Rechte zu halbieren und seine Pflichten zu verdoppeln. [...] Heiraten heißt, mit verbundenen Augen in einen Sack greifen und hoffen, dass man einen Aal aus einem Haufen Schlangen herausfinde.« Doch nicht nur über Frauen hatte er so eine schlechte Meinung, sondern über Menschen ganz allgemein. Wenn der Pudel ihn ärgerte, schimpfte er das Tier immer »Mensch«.

Also ich möchte nicht unbedingt in direkter Nähe dieses Mannes gelebt haben und sage deshalb einmal ganz beiläufig zu meinen Lieben: »Wie gut, dass die einen Familie und die anderen Haustiere haben!«

13.

DIE REGELRECHTE REGELMODE

● ○ ● ○ ● ● ○ ●

Ich bin ein Fan von Regeln. Theoretisch zumindest. Lukas geht neuerdings abends mit Freunden noch raus. Alex sagt dann, er solle um acht oder neun oder manchmal auch erst um zehn Uhr daheim sein. Um die Sekunden wird dann bisweilen eine halbe Stunde verhandelt.

»Können wir nicht einfach eine Zeit ausmachen, zu der Lukas immer daheim sein muss? Dann sparen wir uns die ganzen Diskussionen?«, frage ich.

»Von mir aus!«, sagt Lukas. »Immer um zehn!«

»Das kommt doch immer darauf an!«, winkt Alex ab. »Je nachdem, ob Wochenende ist oder wer dabei ist.«

»Wir können ja sagen: unter der Woche um acht und am Wochenende um zehn«, schlage ich vor.

»Das finde ich zu lange!«, widerspricht Alex.

»Das ist viel zu kurz!«, widerspricht Lukas.

Wir einigen uns auf Viertel vor acht und Viertel vor zehn.

Am nächsten Abend ruft Lukas an, es ist Dienstag.

»Kann ich heute nicht ausnahmsweise länger draußen bleiben? Wir spielen grad so toll Fußball!«

Ich glaub ihm das mit dem tollen Fußball zwar nicht so ganz, aber stimme zu. Eva macht noch Hausaufgaben, und ich hab dann noch Zeit, die blöde Bügelwäsche zu erledigen.

»Wann kommt Lukas?«, fragt Alex, der sich urplötzlich von einer Sportwebsite losgerissen hat.

»Halb neun, haben wir grad ausgemacht, er hat angerufen.«

»Das ist zu spät für unter der Woche!«, sagt Alex.

»Also, ich hab das jetzt so mit ihm ausgemacht, wenn es dir nicht passt, dann ruf ihn doch an und dann macht etwas anderes aus.«

Eine zehnmünütige Diskussion via Handy später haben sich Vater und Sohn ebenfalls auf halb neun geeinigt. »Die spielen grad so toll Fußball«, sagt Alex, »wenn die sich schon freiwillig draußen bewegen, sollten wir auch mal nicht so streng sein.«

Ich kommentiere das nicht, aber Eva ruft: »Das hatte die Mama doch auch schon ausgemacht!« Scheint Alex auch plötzlich wieder einzufallen und er lächelt.

Später verhandeln wir die Medienzeit mit Eva neu. Eva besteht sogar auf einen Vertrag, den wir alle zu unterschreiben haben. Maximal eineinhalb Stunden unter der Woche. Lukas fordert dazu auch ein »minimal«, aber das nehmen wir nicht auf.

Am Mittwoch kommt Lukas auch wieder erst um halb neun Uhr nach Hause, und Eva hat meiner Meinung nach die Medienzeit deutlich überzogen.

»Jetzt ist Schluss!«, rufe ich Eva zu. »Genug für heute!«

»Aber ich war noch gar nicht so lange online!«, widerspricht sie.

»Doch! Seit fünf sitzt du am Rechner!«

»Privat war ich noch nicht so lange online, ich muss noch etwas nachschauen für ein Referat!«

Soll ich das jetzt glauben? Ich werfe einen Blick auf die Website. Gut, etwas über das Mittelalter würde sie ganz bestimmt nie freiwillig lesen.

Am Donnerstag verhandelt Lukas mit seinem Vater, dass er ausnahmsweise – es ist schließlich Sommer – erst um Viertel vor neun daheim sein muss, er hätte doch zuvor auch schon alle Hausaufgaben gemacht und sogar freiwillig Lateinvokabeln gelernt. Evas Medienzeit ist bestimmt schon um eine halbe Stunde überzogen, als Alex seiner Tochter unbedingt einen tollen Filmausschnitt zeigen muss, innig schauen Vater und Tochter schließlich nicht bloß den Ausschnitt, sondern den ganzen Film.

Es ist Wochenende. Lukas meint, wir sollten die Regeln neu verhandeln, sie seien doch eigentlich schon überholt.

Ich ziehe innerlich Bilanz – und sie fällt erwartungsgemäß verheerend aus.

»Wozu stellen wir eigentlich ständig Regeln auf, wenn sich keiner daran hält?«, frage ich in die Runde.

»Sag ich doch«, meint Alex. »Regeln sind doch irgendwie … doof.«

»Wenn ihr keine Strafen dazu einführt, bringt das gar nichts!«, kommentiert Lukas.

»Pscht!!!« Eva sieht den Bruder böse an. Wie kann er nur verraten, was die Eltern nicht bedacht hatten?

Was sind wir nur für Eltern, die Regeln und Erziehungsgrundsätze nicht einmal eine Woche einhalten können? Werden aus unseren Kindern deshalb einmal rücksichtslose, verzogene Monster? Sagt nicht jeder Pädagoge, das A und O der Erziehung seien Regeln, die gemeinsam aufgestellt und zusammen eingehalten werden?

»Dieser ganze Regelschmarrn! Das hat es bei uns auch nicht gegeben, und trotzdem hat es irgendwie funktioniert!«, sagt Alex später. Dummerweise – was mich insgeheim immer ein wenig ärgert, weil er nie irgendwelche Erziehungsratgeber liest – muss ich Alex recht geben. Leben wir nicht in einer regelrechten Regelmode? Aber ist das nicht trotzdem viel besser als das autoritäre »Du hast einfach zu gehorchen!« von früher? Ich komme ins Grübeln und schlage nach, wer uns die Regelsuppe eigentlich eingebrockt hat. Da werde ich nicht fündig, aber ich entdecke dabei eine andere Geschichte (die ich Alex aber niemals verraten werde, damit er nicht wieder behaupten kann: »Hab ich doch schon immer gesagt!«): Rousseau, von dem ja schon die Rede war, verfasste mit seinem *Emile* einen Bildungsroman, in dem er weitgehend dafür eintrat, Kinder und Jugendliche von schädlichen zivilisatorischen Einflüssen fernzuhalten. Das Buch war als »Möglichkeit« gedacht, doch einige Zeitgenossen nahmen es für bare Münze. Darunter auch der Schweizer Volkserzieher Johann Heinrich Pestalozzi (1746–1827) – ja, genau der, nach dem heute so viele Schulen benannt sind. Pestalozzi und seine Schriften gelten als Wegbereiter der modernen Pädagogik, und jeder Lehramtsstudent wird eines Tages mit ihm zu tun haben. Herr Pestalozzi hatte einen Sohn (und sonst keine weiteren Kinder), den er exakt nach den Schriften Rousseaus erzog. Er überließ den kleinen Jakob völlig sich selbst, dann wiederum wollte er ihm mit dreieinhalb Jahren Schreiben beibringen, und es hagelte härteste Strafen, wenn Jakob keine Buchstaben aufs Papier brachte. Vater Pestalozzi ließ keine noch so menschliche Abweichung vom vermeintlichen Regelwerk Rousseaus zu. Der kleine Jakob reagierte mit Anfällen auf die Ansprüche des Vaters und wurde schließlich in ein Internat abgeschoben. Pestalozzi schrieb schließlich einen erschütternden Bericht darüber – das Experiment, den eigenen Sohn nach genauen Regeln und Vorschriften zu erziehen, war brutal gescheitert, und Jakob litt Zeit seines Lebens darunter.

»Wisst ihr was?«, verkünde ich meiner Familie später. »Wir sollten mal ein paar Regeln abschaffen und einfach von Fall zu Fall neu entscheiden!«
Lukas und Eva starren mich an, als wäre ich ein Geist.
»Klasse!«, kommentiert Alex. »Hätte nicht gedacht, dass du dich in Erziehungsfragen auch mal von mir überzeugen lässt!«

14.

MÜNCHHAUSEN 2.0

● ○ ● ○ ● ○ ● ○

Und, was gibt's Neues in der Schule?«, fragt mein Mann Alex die Kinder gut gelaunt beim Abendessen.
Eva beginnt, ausführlich vom Zickenkrieg in der Klasse zu erzählen. Jedes Detail wie die French Nails ihrer Klassenkameradin Anna wird dabei episch ausgebreitet. Alex hört eine Weile höflich aufmerksam zu, ehe er Eva unterbricht.
»Ich meinte eher die Noten!«
»Eine Eins in Musik!«, erklärt Eva. »Ich bin ausgefragt worden. Und stell dir vor, die Anna, die ist voll uncool, die hat sich freiwillig gemeldet! Ich glaub, die meldet sich bloß, damit man ständig ihre doofen Nägel sieht. Wie die Sophie und die Chrissi hat die …«
»Du nervst!«, unterbricht Lukas die quasselnde Schwester. Vater und Sohn blicken sich daraufhin verschwörerisch zustimmend an.
Eva schmollt beleidigt.
»Und bei dir, Lukas?«, frage ich.
»Nichts.«
»Wie, nichts? Irgendwas muss es doch gegeben haben in der Schule?«

»Nichts, nein.«

Lukas starrt auf sein Essen und nimmt den nächsten Bissen.

»Nichts geschrieben, nichts rausbekommen?«, fragt mein Mann noch.

»Nein.« Ich spüre, dass mein Sohn lügt.

»Hast du die Übungsaufgabe in Mathe schon gemacht?«, frage ich nun Eva.

»Ja.« Ich spüre, dass meine Tochter lügt.

Mein Mann plappert plötzlich über Fußball, Lukas stimmt eifrig ein, ich will schon was sagen, aber Eva kommt mir zuvor.

»Ihr nervt, und zwar beide. Immer Fußball! Das interessiert doch keinen!«, schimpft Eva.

»Können wir uns nicht darauf einigen, dass wir ein Thema nach dem anderen behandeln und jeder zu Wort kommt?«, greife ich vermittelnd ein. Alle nicken. Mann und Sohn plappern weiter munter über Fußball. Eva verdreht die Augen.

»Wie war dein Tag im Büro, Alex?«, frage ich, um das Thema elegant zu wechseln.

»Äh, gut. Ja.«

»Klingt aber irgendwie nicht so. War irgendwas?«, hake ich nach. Ich spüre, dass mein Mann lügt.

»Nein, nichts Besonderes«, antwortet mein Mann und versucht seinerseits nun elegant das Thema zu wechseln.

»Hast du meiner Mutter noch wegen dem Geburtstag Bescheid gegeben?«, fragt Alex.

»Ähm, ich wollte, aber die Mittagspause war so kurz, und bei ihr war andauernd belegt.« Ich lüge. Glattweg. Ich hatte den Anruf vergessen. Die Mittagspause war heute sogar länger als gewöhnlich, und ich bin deshalb schnell ins Kaufhaus um die Ecke, um mir die Pullis im Sonderangebot anzusehen. Gekauft hab ich dann aber einen Pulli zum regulären Preis, würde aber bei Nachfrage ohne mit der Wimper zu zucken sagen: »Ach, der war im Sonderangebot!«

Der Unterschied zwischen den Lügen meiner Liebsten und mir besteht nur darin, dass ich es ihnen anmerke, sie es mir aber nicht. Und dass die Liebsten offenbar beim Lügen ein viel schlechteres Gewissen haben als ich, denn nach und nach gesteht mir Lukas eine Fünf in Geschichte, Eva die vergessene Übungsaufgabe in Mathe und mein Mann seinen Ärger mit dem Chef. Bin ich eigentlich ein skrupelloses Weib, weil ich einfach lüge, wenn es mir gerade passt, und ich noch nicht einmal ein schlechtes Gewissen dabei habe?
»Wahrhaftigkeit ist formale Pflicht des Menschen gegen jeden, es mag ihm oder einem anderen daraus noch so großer Nachteil erwachsen.« Sagt Immanuel Kant. In der Bibel steht: »Du sollst nicht falsch gegen deinen Nächsten aussagen.« Und schon die alten Ägypter hatten als eine von zweiundvierzig Sünden die Lüge gelistet.

Aber was wäre eigentlich, wenn wir ständig die Wahrheit sagen würden? Mein Mann hätte sich beim Abendessen bestimmt fürchterlich über Lukas' Note geärgert, und es hätte wieder Debatten über seine Faulheit gegeben. Ich hätte Eva Fernsehverbot erteilt, weil sie trotz aller Mahnungen nie Matheaufgaben macht. Alex hätte mir vorgeworfen, stets seine Mutter zu vergessen, und ich wiederum hätte meinem Mann gesagt: »Immer wieder lässt du dich von diesem Idioten im Geschäft so mies behandeln.« Das Abendessen wäre irgendwann zu einem Ganz-schlechte-Laune-Essen geworden und womöglich der ganze Abend noch versaut gewesen.

Schützen wir nicht bloß uns selbst, sondern auch unsere Liebsten, wenn wir manchmal die Unwahrheit sagen? Und kommt es nicht darauf an, in welchen Punkten genau man lügt?

Der Philosoph Bernard Williams bestreitet, dass es ein moralisches Gesetz gäbe, das Lügen verbiete. Simone Dietz schrieb ein eigenes Buch über: *Der Wert der Lüge*. Und Adam Soboczynski geht sogar noch einen Schritt weiter. In seinem Band *Die schonende Abwehr verliebter Frauen* fordert er regelrecht, doch nicht mehr so verkrampft immer die Wahrheit sagen zu wollen, sondern endlich wieder die richtige Verstellungskunst zu lernen, um andere nicht zu verletzen.

»Weißt du, Mama«, sagt Lukas eines Tages zu mir, »wir haben in Religion über Lügen gesprochen, und eigentlich wollte ich nun immer die Wahrheit sagen, hab es aber dann noch nicht geschafft.«
Ich versuche, meinem Sohn das Schuldgefühl zu nehmen, und erkläre ihm, dass auch Moralphilosophen sich da heute nicht mehr ganz einig sind.
»Prima!«, ruft Lukas. »Dann passt das gut zu meinem Plan. Ich hab mir das jetzt nämlich so ausgedacht: Dreimal am Tag darf ich lügen, aber nicht öfter.«
»Gute Idee!«, erwidere ich und lege mein Kontingent auf zehn Lügen pro Tag fest – schließlich bin ich ja auch erwachsen, da steht mir einfach mehr zu!

15.

EINER WEISS ALLES, DER ANDERE NICHTS

● ○ ● ○ ● ○ ● ○

Irgendetwas mit dem Wissen an sich läuft bei uns schief. Eva jammert regelmäßig über irgendein Schulfach: »Ich weiß das nicht, ich kann das nicht.«

Lukas hingegen verkündet regelmäßig: »Das brauch ich nicht mehr üben, ich kann das alles schon!«

Überspitzt gesagt: Die eine meint, dass sie nichts weiß, der andere meint, dass er alles weiß.

Und klar, bei uns allen klingelt sofort der Satz von Sokrates dazu: »Ich weiß, dass ich nichts weiß.«

Aber ganz so einfach ist in diesem Fall die Parteinahme für Eva nicht, denn Sokrates bezog sich damit nicht auf fachliches Wissen, sondern auf Erkenntnis. Mit »Ich weiß, dass ich nichts weiß« meinte er nicht mangelnde Kenntnisse in Rhetorik oder Geometrie. Vielmehr gestand er ein, zu größeren Fragen wie »Was ist Gutsein?« keine eindeutigen Antworten zu haben, und enttäuschte damit die Schüler, die sich von ihm Stellungnahmen zu solchen Fragen abholen wollten.

So beschwerte sich Menon, der Sokrates aufsuchte, um von ihm zu erfahren, was Gutsein heißt: »Ach, Sokrates, schon bevor ich dich traf, habe ich gehört, dass du selbst nie weiterweißt und so bewirkst, dass auch die anderen nicht weiterwissen. [...] Obwohl ich schon unzählige Male vor etlichen Leuten verschiedene Reden über das Gutsein gehalten habe und, wie ich fand, ganz gut, kann ich jetzt nicht sagen, was es überhaupt ist.«

Der Vergleich hinkt ein wenig, aber wir Mütter sind in etwa der gleichen Situation wie Sokrates, wenn wir den Kindern bei den Hausaufgaben helfen. Mit den Vorsokratikern (alle Philosophen vor Sokrates) würden wir ihnen die Lösung der Matheaufgabe sagen. Mit Sokrates zeigen wir ihnen verschiedene Lösungswege auf, die sie selbst ausprobieren sollen, um zur Methode zu gelangen, die ihnen am besten liegt. Noch mehr »arbeiten« wir mit Sokrates, wenn wir es ihnen überlassen – selbstverständlich dem Alter entsprechend –, eigene Maßstäbe für das Gutsein zu finden. Das sieht im geglückten Fall dann so aus, dass Lukas einem armen Kerl aus der Klasse ein Computerspiel schenkt oder Eva sich für eine gemobbte Mitschülerin einsetzt. Das wirklich Gute, das meine Kinder jemals machten, habe ich nicht im Entferntesten angezettelt, es kam von den Kindern selbst.

Aber woher will ich eigentlich wissen, was Gutsein ist und dass meine Kinder da Gutes taten? Unterliegt die Definition von Gutsein nicht auch immer den gesellschaftlichen Bewertungen? Hieß es in Erziehungsratgebern vor hundert Jahren noch, das Schlagen der Kinder sei »gut« für ihre Entwicklung, definieren wir heute die gewaltfreie Erziehung als »gut«.

In diesem Sinne hat Sokrates nichts gelehrt, sondern war eine Art philosophische Hebamme, die dazu anleitete, zu den eigenen Maßstäben zu gelangen. Er antwortete nicht, sondern fragte zurück, um den Schülern selbst zur Erkenntnis zu helfen.

»Erfahrungen kannst du nicht weitergeben, die müssen die Kinder selbst machen«, sagte mein Vater immer. Mit Sokrates ließe sich das erweitern zu »Erkenntnis kannst du nicht weitergeben, Menschen müssen sie selbst erlangen«. Ganz ähnliche Gedanken, auf ganz Praktisches bezogen, hatte Maria Montessori mit ihrem berühmten Satz: »Hilf mir, es selbst zu tun.« Wir sollen den Kindern nicht die Schuhe binden, sondern ihnen zeigen, wie sie es selbst machen können.

In diesem Sinne sollte ich den Kindern auch selbst weniger Antworten geben, sondern stattdessen mehr fragen.

»Eva, woher weißt du, dass du das nicht kannst?«

»Lukas, woher weißt du, dass du schon alles kannst?«

»Weil, weil …« Die Kinder kommen ins Stottern und denken nach. Und tatsächlich: Lukas lernt an diesem Abend noch freiwillig Vokabeln, Eva geht am nächsten Morgen ganz entspannt zum anstehenden Test.

Ob die »Hebammenmethode« wohl noch weitere Male funktioniert? Ich weiß es nicht. Ich weiß eben, dass ich nichts weiß.

16.

DAS LEBEN IST EIN ÜBERRASCHUNGSEI

● ○ ● ○ ● ○ ● ○ ●

Wohl kaum einen anderen Satz spüren Mütter täglich so sehr wie Platons »Alles bewegt sich fort und nichts bleibt«. Nichts ist von Dauer, alles einer steten Veränderung unterworfen. Sosehr wir uns auch nach Beständigem sehnen, so wenig ist die Wirklichkeit beständig. Platons »Flusslehre« baut auf Heraklits Feuer- und Flussvergleich auf. Das Sein ist nicht statisch, sondern ein ewig dynamischer Wandel.

Doch diese Einsicht will bei mir nicht ganz ankommen, wenn ich mit sinnlosen Anti-Aging-Cremes meine Falten bekämpfe. Sie will offenbar auch nicht bei meinem Mann Alex ankommen, wenn er fragt, wer Eva morgen zum Ballettunterricht fährt – Eva hat vor zwei Jahren damit aufgehört. Und auch Lukas hat offenbar keinen Heraklit gelesen, wenn er droht: »Wenn ihr umziehen wollt, dann ohne mich! Ich bleibe hier bei meinen Freunden.«

Seitdem ich Kinder habe, kann ich mich an keinen einzigen Tag erinnern, an dem alles nach Plan verlief. Entweder ich stolperte morgens schon über einen Legostein, oder ich wurde mittags wegen Masern aus dem Büro gerufen, oder abends wollten plötzlich vier Freundinnen von Eva bei uns übernachten.

An einem Wintertag sagte Lukas einmal zu mir: »Ich gehe jetzt alleine in die Schule, du kannst dableiben. Und übrigens, Mama, das ist jetzt für immer so.« An einem Sommertag erklärte Eva plötzlich: »Das Hochbett muss sofort abgebaut werden, ich bin doch kein kleines Kind mehr!« Und in diesem Frühling waren beide Kinder gleichzeitig auf Klassenfahrt, so dass ich mit Alex nach vierzehn Jahren plötzlich einmal wieder länger alleine in der Wohnung war.

»Schrecklich«, sagte Alex, »so ruhig und leer alles!«

»Wunderbar«, entgegnete ich. »Endlich habe ich einmal Zeit für mich! So ruhig alles!«

Das hat Heraklit übrigens philosophisch betrachtet als »Einheit der Gegensätze« – der Weg bergauf und der Weg bergab sei eigentlich der gleiche. Es ist nur eine Frage der Bewertung, ob die Wohnung nun »schrecklich leer« oder »wunderbar ruhig« ist.

Zwei Stunden später klagt Alex erneut über die Leere in der Wohnung, und ich denke wieder: »Was für eine wunderbare Stille!« Trotzdem steigt in mir ein deutliches Gefühl hoch, eine Rabenmutter zu sein. Wie kann ich mich so freuen, dass die Kinder weg sind? Ich gehe in die Offensive. »Du ziehst ja auch immer deinen Stiefel durch, egal ob die Kinder da sind oder nicht, für mich ist das was ganz anderes.«

»Ja, stimmt, du hast doch etwas mehr Erziehungsverantwortung als ich«, lenkt Alex ein. Das »etwas mehr« überhöre ich, sonst würde es drei Stunden nachdem wir nach vierzehn Jahren wieder länger zu zweit sind, sofort einen gewaltigen Ehekrach geben.

»Wir könnten jetzt eigentlich ausgehen«, schlägt Alex vor.

»Ja, schon, aber eigentlich bin ich zu müde … Und außerdem

können wir mittlerweile auch ausgehen, wenn die Kinder da sind, die sind ja schon so groß.«

»Ja«, ergänzt Alex, »aber irgendwie sind wir das gar nicht mehr gewohnt.«

»Ja, das hat sich jetzt so festgefahren«, sage ich. »Deshalb sollten wir unsere kinderlose Zeit schon nutzen, auch mal was anderes zu machen.«

»Morgen gehen wir essen, zu unserem alten Italiener!«, schlägt Alex vor.

»Ja«, freue ich mich. »Und danach noch ins Cuba. Gibt es das eigentlich noch?«

»Keine Ahnung, aber wenn nicht, dann finden wir was anderes.«

»Und übermorgen gehen wir endlich mal wieder ins Kino!«

»Super Idee!« Alex streichelt durch mein Haar.

»Und übermorgen fahren wir mal nicht zu meiner Mutter, sondern an den Starnberger See und gehen dort spazieren, so wie früher.«

Ich gebe Alex einen Kuss. »Super Idee!«

»Und jetzt …« Alex zieht mich zu sich und gibt mir mehr als einen Kuss. Warum nicht, denke ich, wann haben wir zuletzt am helllichten Tag im Wohnzimmer …?

Das Telefon klingelt, meine Mutter ist dran, jetzt, da die Kinder doch weg wären, hätte ich doch einmal ein wenig Zeit für sie, sie brauchte noch mal einen Ratschlag für die Kartenrunde.

Das Erteilen des richtigen Ratschlags dauert eine Stunde. Alex ist mittlerweile auf dem Sofa eingeschlafen. Aber was soll es? Wir haben jetzt neun Tage sturmfreie Bude vor uns, uns läuft nichts davon. Ich gehe jetzt ins Bad, werde mich aufhübschen und meinen Mann dann sanft wecken. Ach, wie konnte ich es nur vergessen, ich hatte mir doch für diese Tage schon vor zwei Wochen neue Dessous gekauft, sie in der Alltagshektik dann aber – weil die Kinder das nicht sehen sollten – irgendwo in den Kleiderschrank hineingelegt. Ich suche die Dessous. Endlich finde ich sie und drehe den Wasserhahn der Badewanne auf. Es klingelt an der Tür. Soll ich aufmachen? Ich spähe durch den Spion. Ich fasse es nicht, wer vor mir steht: Eva mitsamt ihrem Gepäck!

»Ist was passiert?«, frage ich besorgt.

»Im Landheim ist ein Feuer ausgebrochen. Wir mussten alle wieder heim«, schluchzt Eva. Ich nehme sie in die Arme.

Alex kommt dazu, vom Klingeln aufgewacht.

»Wie schön, dass du da bist!«, ruft er.

Ich zeige ihm hinter Evas Rücken die Dessous – ein wenig soll er sich auch mit Platon darüber ärgern, dass »sich alles fortbewegt und nichts bleibt«.

17.

DIE GOTT IST TOT

● ○ ● ○ ● ○ ● ○ ●

Neulich forderte der Europarat, »Vater« und »Mutter« abzuschaffen und stattdessen den Begriff »Elter« für Erzieher beiderlei Geschlechts zu verwenden. Können Sie sich vorstellen, dass Ihr Kind statt »Mama« »Elter« ruft? Wie bescheuert hört sich das denn an? Auf welche Ideen kommen Politiker eigentlich? Haben die nichts Besseres zu tun und haben wir sonst keine Probleme zwischen Haushalt, Job, Kindern und der Aussicht auf eine mickrige Rente?

Die Idee dahinter: Über eine »nicht sexistische Sprache« soll unser Bewusstsein verändert werden. Diskriminierende Geschlechterunterschiede sollen über eine »neutrale Wortwahl« aus der Welt geräumt werden. Frauen sollten nicht mehr »als passive und minderwertige Wesen, Mütter oder Sexualobjekte« dargestellt werden, heißt es da. Mal ganz abgesehen davon, dass ich den Begriff »Mutter« überhaupt nicht abwertend empfinde, zielen die Eingriffe in die Sprache in eine ganz falsche Richtung. Denn unsere Sprache ist wie das wunderbar bunte Leben: Irgendwann geboren, gewachsen und sich stets verändernd. Sie ist unregelmäßig regelmäßig in der Grammatik, Handwerkszeug für Einkaufszettelschreiber, Schöpfungsbedingung für Schriftsteller, Untersuchungsgegenstand von Linguisten, Weltenwanderung für Dolmetscher und eben Kopfzerbrecher für Philosophen. Sie zeichnet uns Menschen gegenüber den Tieren mit ihren eher primitiven Kommunikationsmethoden aus, sie prägt unseren Alltag und schafft mit Lyrik Kunst. Wenn meine Kinder Fragen stellen, werden sie eine Erklärung und damit Wissen bekommen, sie werden erfahren, dass nachts die Sonne woanders scheint.

Sprache ist wie ein lebendiger Organismus mit Innereien, äußerlichen Narben, liebenswürdigen und schwierigen Charakterzügen, manchmal unzureichend, bisweilen phantastisch – die Sprache ist das wertvollste Gut der Menschen.

Aber eine Minderheit nimmt Operationen bei lebendigem Leib an dem gemeinsamen Organismus vor. Diese Eingriffe müssten sein, heißt es, um die Hälfte der Menschheit aus der Zwangsjacke ewiger Unterdrückung zu befreien. Dabei hat nicht die Sprache als Patient über etwas geklagt. Wie schlechte Ärzte stellt eine kleine Gruppe ein Defizit fest, um Geschäfte mit unnötigen Operationen zu machen – die feministische Linguistik.

Begonnen hatte es Mitte des letzten Jahrhunderts, als Simone de Beauvoir sagte: »Wir werden nicht als Frauen geboren, wir werden dazu gemacht.« Mit den feministischen Strömungen ab den siebziger Jahren, mit Alice Schwarzers »PorNO«, mit der neu entstandenen feministischen Linguistik schrieben eine Luise Pusch (*Alle Menschen werden Schwestern*) und eine Senta Trömel-Plötz (*Vatersprache – Mutterland*) der Sprache und dem Patriarchat eine Macht zu, die bis dahin in Teilen noch bestand. Erst in den siebziger Jahren wurde beispielsweise ein Gesetz abgeschafft, das immer noch ein Einverständnis des Ehemannes voraussetzte, wenn seine Frau arbeiten wollte. Männliche Homosexualität stand unter Strafe, und einer vergewaltigten Frau wurde in breiten Kreisen der Bevölkerung noch unterstellt, sie sei »irgendwie selbst schuld«, wenn sie sich so aufreizend benehme. Bis dahin waren Frauen tatsächlich noch Opfer gesellschaftspolitischer Machtstrukturen, und die Feministinnen kamen auf die Idee, mit einem neuen Mittel alte Verkrustungen aufzubrechen. Nicht im Straßenkampf, mit Hungerstreiks oder mit Bomben wie bei den Suffragetten sollte die Welt verändert werden, sondern über die Sprache.

Dass Eingriffe in die Sprache immer auch das Merkmal von Diktaturen sind, kümmerte die Frauen leider wenig. Frau war kein Mann, und manche leitete daraus damals wie heute ab, ein besserer Mensch zu sein, friedfertiger, kompromissbereiter, naturnäher und aus dieser Prämisse des »besser« folgend auch: Opfer. Frauen waren Opfer einer bösen Männerwelt, die das Weibliche zerstöre. »Gender Mainstreaming« heißt das Stichwort, mit dem nun ganz generell behauptet wird, die Unterschiede zwischen den Geschlechtern seien allesamt gesellschaftlich konstruiert und entbehrten jeglicher biologischer Grundlagen. (Dass mein Sohn Lukas sich für Technik und meine Tochter Eva sich für Ballett interessiert, ist der Theorie zufolge nur anerzogen.)

Männer und Frauen sollen nun aus ihrer selbstverschuldeten geschlechtlichen Unmündigkeit befreit werden – so der Tenor einer Handvoll Wissenschaftlerinnen, die mit ihrer Hypothese mittlerweile in den Universitäten sitzen. Eine Hypothese wohlgemerkt, die aber als »wissenschaftliche Wahrheit«

verkauft wird, obwohl sogar aus den eigenen Reihen Kopf-schütteln über die Methoden kommt. Die Vorwürfe lauten unter anderem, dass Gender und Sexus vermischt werden, also das grammatikalische und das biologische Geschlecht.

»Der Gott« beispielsweise suggeriere der Theorie zufolge einen männlichen Schöpfer und degradiere damit die Frauen zu bloßen Produkten einer männlichen Welt. *Der* Mond hin-gegen mit dem gleichen grammatikalischen Geschlecht darf in Ruhe ruhig männlich bleiben, ebenso wie *der* Kindergarten oder *der* Tisch. Auch die weibliche Form unserer Sonne, nämlich *die* Sonne, steht nicht zur Debatte, wenn man doch unken könne, die unsere Erde erst bedingende Sonne schließe als Schöpferin die Männer aus. Genau andersherum müssten nach dieser »Logik« die Italienerinnen argumentieren, heißt es doch dort *il* sole und *la* luna.

Abgesehen von diesen Blüten, die die vermeintliche Wissen-schaft treibt, widerspricht ihr Ansatz auch der Erfahrung mit sprachhandwerklicher Kunst und philosophischen Geistern, die weiter dachten. Sprachphilosophen wie Ludwig Wittgen-stein untersuchten Anfang des vergangenen Jahrhunderts, welche Beziehungen zwischen der Sprache und der Wirklich-keit bestehen, und Wittgenstein verwarf die bis dahin gültigen Ansichten. »Hat man eine vollständige Beschreibung seiner Gebrauchsmöglichkeiten (des Wortes; Anm. der Autorin) gegeben, so hat man auch seine Bedeutung erklärt – darüber hinaus gibt es sozusagen nichts mehr. Damit werden zwei tra-ditionelle Bedeutungstheorien verworfen: die eine, die besagt, bestimmte Wörter stünden für bestimmte Dinge und hätten daher feststehende Bedeutungen, sowie die andere, derzufol-ge sich Bedeutungen von den Absichten der Sprecher herlei-ten, so dass man wissen muss, was jemand im Sinn hat, wenn man seine Äußerungen verstehen will.« Wittgenstein kam zu dem Schluss: »Die Bedeutung eines Wortes ist sein Gebrauch in der Sprache.«

Das heißt vereinfacht gesagt: Es gibt weder die Bedeutung der Sonne an sich noch eine rein gesellschaftliche Übereinkunft zur Definition von Sonne. Jeder hat sein eigenes Bild von der Sonne, aber alle haben auch ein gemeinsames Bild von der Sonne, denn es gibt weder eine Privatsprache noch eine genaue Festlegung des Wortes »Sonne«.

Wer nun glaubt, ein Artikel oder eine männliche oder weibliche Zuschreibung darüber schaffte ein Weltbild, muss erst recht irren. Sprache ist sowohl abstrakt wie auch von der Umgebung abhängig, je nachdem, wer wann wo was sagt.

Unsere Worte sagen fast nie eins zu eins, was wir denken. Je nachdem, wer wo zu wem und in welcher Situation spricht, drücken Begriffe etwas ganz Verschiedenes aus. Wenn ich zu Ihnen – einer Wildfremden – auf der Straße plötzlich sage: »Spinnst du?«, werden Sie sich zu Recht angegriffen fühlen. Sage ich zu meinem Mann, der mich mit einem Brillantring überrascht, »Spinnst du?«, drückt das meine Überraschung und Dankbarkeit aus. Sage ich aber zu meinem Mann »Spinnst du?«, wenn er mit zehn Großpackungen Klopapier vom Einkaufen heimkommt, drücke ich meine Verachtung für seine Vorratshaltung aus.

Sprache und unsere Sprechakte haben so viele Facetten, sie sind so groß und reich und bunt wie das Leben. Der Methodenzwang einer Minderheit tut diesem Organismus aber Gewalt an und brockte uns das Binnen-I beziehungsweise mittlerweile den Unterstrich ein (Lehrer_innen). Er lässt uns von »Wählern und Wählerinnen« sprechen, pardon »Wählerinnen und Wählern«, denn auch die Art der Positionierung zeigt der Theorie zufolge das Machtgefälle.

Wie so vieles derzeit zeugt diese Entwicklung nicht von einem Fortschritt, sondern von einem Rückschritt in eine Art Anti-Aufklärung. Die Errungenschaft der Aufklärung war, den Menschen nicht per se etwas vorzuschreiben oder ihn mit Vorschriften erziehen zu wollen, sondern ihn zu einem mündigen, selbst denkenden Wesen zu formen. Ausgestattet mit Wissen und im Vertrauen auf seine moralische Kraft sollte sich jeder selbst ein Bild vom Leben, der Gesellschaft und sich selbst machen können. Diese Errungenschaft der Aufklärung wird auf einem neuen Altar des Glaubens geopfert. Wir *glauben,* die Sprache könne Machtstrukturen ändern, wir *glauben,* sie bestünden noch immer. Dieser Glaube fiel nicht vom Himmel, sondern er wird uns tagtäglich gepredigt, von gut bezahlten »Wissenschaftlerinnen«, deren Job geradezu darin bestehen muss, die Welt verändern zu wollen, sonst würden sie ihre Stellen verlieren. Denn sollten eines Tages Männer und Frauen tatsächlich gleichberechtigt sein, wären die feministische Linguistik und das Gender Mainstreaming plötzlich arbeitslos.

Unsere Sprache verändert sich stets, sie bekommt einerseits immer Zuwachs und verschlankt sich zugleich. Wer sagt heute noch »Trottoir«, ein Wort, das wir einst aus dem Französischen übernommen hatten? Und umgekehrt verwenden wir heute Begriffe, die meine Oma noch nicht kannte, wie »Laptop« oder »fremdschämen«. Es geht nicht darum, Sprache konservieren oder vor neuen Einflüssen bewahren zu wollen; jeder Organismus verändert sich laufend und muss es sogar tun – das ist das Leben. Aber unnötige Operationen, von einer kleinen Kaste verordnete Eingriffe, zeugen von der Respektlosigkeit gegenüber den Menschen, die man umerziehen will, weil man dem Menschen im Kleinen und Großen nicht mehr vertraut, den Errungenschaften der Aufklärung Arme und Beine amputieren und uns in die Unmündigkeit zurückschicken will.

Heute müsste Nietzsche eine neue Aufklärung fordern mit: »Die Gott ist tot!«

18.

GUTER RAT IST BILLIG

●○●○●○●○●

Mütter mit Kindern ab einer bestimmten Jahrgangsstufe Mathe kennen ihn bereits: Thales. Das ist der mit dem Dreieck: »Alle Winkel am Halbkreisbogen eines Dreiecks sind rechte Winkel.« Da sage noch mal einer, es hätte keine Vorteile, dass wir heutzutage mit den Kindern quasi wieder eingeschult werden! Oder würden Sie sich sonst mit solchen geometrischen Sätzen befassen? Also!

Thales, der im sechsten Jahrhundert lebte, war eine Art Allroundgenie. Er war Naturforscher, Staatsmann, Mathematiker und Philosoph. Zum Erstaunen seiner Zeitgenossen sagte er eine Sonnenfinsternis voraus, und in Ägypten ermittelte er die Höhe der Pyramiden durch den Schattenwurf zu einer bestimmten Tageszeit. Im Vergleich dazu sind heutige Fernsehphilosophen glatte Loser. Das Pech von Thales war nur, dass damals die Glotze noch nicht erfunden war und seine Schriften nur teilweise erhalten sind. Schade eigentlich (nein, nicht dass er uns noch mehr Mathe einbrockte!), weil seine überlieferten Gedanken so schön prägnant sind.

Auf die Frage, was am schwersten von allen Dingen sei, antwortete er: »Sich selbst erkennen.« Und was am leichtesten sei? »Anderen Rat geben.« Ich weiß bis heute im Grunde genommen nicht, wer ich wirklich bin. Und ich weiß, wie leicht es ist, Lukas oder Eva etwas zu raten: »Pack die Schultasche doch schon heute und nicht erst vor der Schule morgen früh!« Es bringt überhaupt nichts. Noch nicht mal die Ratschläge an meine Mutter zu ihrer Kartenrunde bringen in Wirklichkeit etwas; sie fressen nur meine Zeit.

Thales scheint übrigens auch der erste wirklich emanzipierte Mann gewesen zu sein. Denn in einer Zeit, in der Kindererziehung so selbstverständlich zu Frauen gehörte wie das Wasser zum Meer, sagte Thales: »Ich habe keine Kinder aus Liebe zu den Kindern.« Er meinte damit sicher, dass seine Frau »alleinerziehend mit Mann« gewesen wäre, weil er sich bei seinen ganzen Reisen und Forschungen überhaupt nicht um die Kleinen hätte kümmern können. Ganz bestimmt hat der Herr Philosoph doch seine Frau nicht belasten wollen, oder? Oder bin ich heute zu männerfreundlich, weil Alex mit den Kindern Mathe machte? Ich glaube, da muss ich noch mal nachdenken.

19.

BESCHRIEBEN ODER UNBESCHRIEBEN?

● ○ ● ○ ● ○ ●

Ich bin nicht sonderlich esoterisch. Ich bin auch nicht sonderlich religiös. Ich bin wie so viele Menschen und Mütter heutzutage eine Mischung aus allem Möglichen, weil ich ja viele Möglichkeiten habe. Ich kann mir aus allem, was mir irgendwie zusagt, etwas rauspicken. Ein Büfett aus Glaubensmöglichkeiten und Ideenmöglichkeiten – inklusive der Möglichkeit, dass einem von all dem Überfluss manchmal schlecht wird.

Ein wenig Katholizismus aus meiner Kindheit, etwas Buddhismus aus meiner Jugend, eine Prise Esoterik aus dem frühen Erwachsenenleben, ein Hauch von Philosophie aus dem Jetzt, das alles gewürzt mit jeder Menge Halbwissen und ein paar mehr oder weniger klugen Sätzen, die ich irgendwo aufgeschnappt habe.

Alles in allem bin ich also eine ganz normale Frau und Mutter im Jahr 2014, würde ich sagen. Weder heftig in die eine noch die andere Richtung tendierend und mir durchaus bewusst, dass meine Meinungen einfach erst mal nur meine Meinungen sind. Und dass man über alles Mögliche diskutieren kann – wenn man denn will.

Und trotzdem muss ich sagen, dass ich, seit ich Sophie direkt nach der Geburt das erste Mal in die Augen geblickt habe, der absolut felsenfesten Überzeugung bin, dass Sophie eine alte Seele ist. Und von irgendwoher kommt.

In jedem Fall nicht nur aus meinem Bauch. Also, ihr Körper kommt schon aus meinem Bauch, ich hatte jetzt ja keine Leihmutter. Aber ihre Seele – die kommt vom Himmel. Was immer und wo immer der auch sein mag.

Das könnte ich schwören, seit ich Sophie das erste Mal in die Augen geblickt habe. Große dunkle, wunderschöne Augen (also genau genommen die schönsten Augen auf der ganzen Welt, ist ja wohl klar).

Ich war von der ersten Sekunde an völlig verknallt in mein Baby. Und Sophie hatte wie alle Babys diese nicht wirklich definierte Augenfarbe und diesen leicht unscharfen, fast schielenden Blick, der natürlich daher kommt, dass Babys am Anfang nur so im Bereich von 20 bis 30 Zentimetern vor ihrem Gesicht genau fixieren können. Einfach gerade gut genug, um die Person genau zu erkennen, die sich um sie kümmert. Der Rest der Welt ist Babys einfach noch ziemlich egal, schließlich brauchen sie am Anfang, um zu überleben, ja nicht mehr als eine Person, die sich wirklich gut um sie kümmert.

Also, Sophie hatte diesen Ausdruck in den Augen, den ich nie vergessen werde: so, als komme sie von irgendwo weit her, und so, als wäre sie völlig verwundert, dass sie (wieder) hier ist, und so, als hätte sie mir unglaublich viel zu sagen, wenn sie nur sprechen könnte.

Nun, ich gebe zu, mein Gehirn war vollkommen hormonumnebelt – ich hatte gerade von meinem Körper noch einen Extraschuss Oxytocin, dieses »Bindungshormon«, gespritzt bekommen und war überhaupt von der Geburt und der

Schwangerschaft noch ziemlich mitgenommen. In diesem Zustand kann man eindeutig nicht besonders klar denken. Das mag schon sein.

Aber ich bin mir sicher, dass schon manch anderer Mutter dieser oder so ein ähnlicher Gedanke durch den Kopf geschossen ist beim Anblick ihres Neugeborenen.

Deshalb ist es auch so interessant, sich die Gedanken von Philosophen zu diesem Thema anzuschauen.

Natürlich haben jetzt die Philosophen nicht wirklich darüber nachgedacht, ob Babys alte Seelen haben (das wäre wohl nun doch mehr das Thema für die Religion), aber sie haben oft und viel darüber nachgedacht, ob der Mensch an und für sich etwas an Erkenntnis und Wissen in sich trägt oder ob das alles erst im Laufe seines Lebens und Lernens entsteht.

Diese Fragen beschäftigen den Bereich der Erkenntnistheorie, eines der Hauptgebiete der Philosophie.

Platon zum Beispiel war der Ansicht, dass unsere unsterbliche Seele vor unserer Geburt in der Welt der Ideen lebte und seither die Sehnsucht habe, dorthin zurückzukehren. Ihm zufolge gibt es diese Welt der Ideen oder Formen, die völlig getrennt von der materiellen Welt ist. Und wir haben diese Ideen in unserem Bewusstsein, auch wenn unsere Sinne mal dieses oder jenes melden. Platon hat dazu sein berühmtes »Höhlengleichnis« entwickelt, um diesen Gedanken zu veranschaulichen: Man solle sich eine Höhle vorstellen, in der Menschen seit ihrer Geburt in Fesseln gehalten werden, so dass sie nur die Hinterwand der Höhle sehen. Unsichtbar für sie brennt in ihrem Rücken ein Feuer, und alles, was sich davor bewegt, wirft einen Schatten an die für sie sichtbare Wand: Diese Schatten sind alles, was die Gefangenen von der Welt wissen. Eine Vorstellung von den realen Objekten haben sie nicht.

Aber es gibt die Welt jenseits der Höhlenwand, und unsere Seelen kennen sie vor der Geburt, und sie kehren auch danach zu ihr zurück.

Nun, vielleicht war es diese unsterbliche Welt der Ideen, von der Sophie mir gleich nach ihrer Geburt erzählen wollte, hätte sie nur da schon sprechen können.

John Locke (1632–1704) und noch ein paar andere Philosophen wären da allerdings völlig anderer Meinung. Für Locke stammt alles, was wir wissen, aus der Erfahrung: »Es scheint mir ein Widerspruch, dass der Seele Wahrheiten eingedrückt seien, die sie nicht bemerkt oder nicht versteht [...]« Locke ist mit dieser Theorie einer der wichtigsten Vertreter des sogenannten englischen Empirismus, und es ist kein Wunder, dass er diese Theorie zu einer Zeit entwickelt hat, als die Welt sich immer mehr den Wissenschaften zuwandte.

Für Locke ist der menschliche Verstand eine Tabula rasa, eine leere Tafel, die erst durch die Erfahrung beschrieben wird.

Da haben wir das Dilemma. Wer von den beiden Philosophen hat jetzt recht? Tabula rasa oder Ideen, die außerhalb dessen existieren, was wir wahrnehmen können? Alte Seele oder ein unbeschriebenes Blatt Papier? Unsterblich oder sterblich? Platon oder Locke?

Und ich habe jetzt nur mal zwei Philosophen rausgesucht, die sich zu dem Thema geäußert haben, da gibt es ja noch jede Menge anderer Ideen, Theorien und Philosophen.

Tja. Gar nicht so einfach.

Mittlerweile ist Sophie ja elf Jahre alt, und ihre Geburt liegt für mich schon eine kleine Ewigkeit zurück. Sophies Augen haben heute eine klare blaue Färbung mit ganz winzig kleinen hellbraunen Sprenkeln drin, sie ist etwas weitsichtig und muss deshalb beim Lesen eine Brille tragen, und sie ist der Sprache durchaus sehr mächtig, auch wenn sie Wörter und Sätze permanent frühpubertär verhackstückt.

An ihre Geburt kann sie sich natürlich nicht erinnern, und auch ich habe das meiste und vor allem die Wehen und Schmerzen komplett vergessen. Und, ja doch, wir Mütter vergessen die Geburt und den damit verbundenen Wahnsinn, sonst würden wir ja keine zwei, drei oder mehr Kinder bekommen.

Aber den ersten Blick in ihre Augen werde ich nie vergessen.

Ich schätze mal, Sophie selbst interessiert sich im Moment mehr für Jungs als für erkenntnistheoretische Fragen, und als ich ihr vor kurzem von Platons Ideenweltgedanken erzählte, hat sie mich nur angeschaut und gemeint: »Schön wär's, dann müsste ich in Mathe nicht so viel lernen, dann hätte ich das ja alles sowieso schon irgendwie im Kopf.«

Irgendwie ist der Gedanke an das ideale perfekte Dreieck in der Ideenwelt an die Elfjährige wohl irgendwie verschwendet, wenn sie gerade Geometrie-Hausaufgaben machen muss.

Aber als Sophie noch viel kleiner war, so fünf, sechs Jahre alt, also als sie durchaus schon reden konnte, aber ihr Intellekt natürlich erst dabei war, sich zu entwickeln, habe ich sie manchmal gefragt, ob sie sich daran erinnert, wo sie eigentlich vor ihrer Geburt war. Und sie hat mir jedes Mal sehr ernst und völlig selbstverständlich geantwortet: »Ich war im Himmel, und es war ganz schön da, aber dann wollte ich zu dir.«

Da bin ich aber froh, dass sie dann doch zu mir wollte!

20.

HENNE UND EI

● ○ ● ○ ● ○ ● ○ ●

Ein Paradoxon ist ein scheinbar oder tatsächlich nicht auflösbarer Widerspruch in der Philosophie. Ein Beispiel dafür ist das Lügner-Paradox des Eubulides: »Dieser Satz ist falsch.« Eine solche Aussage ist wahr, wenn sie falsch ist, und falsch, wenn sie wahr ist. Auch das Henne-Ei-Problem (was war zuerst?) zählt dazu, und Philosophen von der Antike bis heute befassten sich mit den verschiedenen Paradoxien. Arthur Schopenhauer verfasste dazu eine Betrachtung mit dem Titel *Über die vierfache Wurzel des Satzes vom zureichenden Grunde* – und wunderte sich paradoxerweise darüber, warum eine Schrift mit diesem Titel kein Erfolg wurde.

In meiner Alltagswirklichkeit als zweifache Mutter kommen Paradoxien ganz anders daher, in viel weniger schwierigen Sätzen, um nicht zu sagen: in sich stets wiederholenden Sätzen.

»Eva hat angefangen!«
»Nein, Lukas hat angefangen!«
»Nein, Eva!«
»Nein, Lukas!«

Also, irgendetwas kann da nicht stimmen. Entweder Sohn oder Tochter hat den anderen zuerst geärgert oder an den Haaren gezogen oder die Schulstifte versteckt. Einer von beiden ist vermutlich zuerst auf den anderen losgegangen.

»Eva hat angefangen!«
»Nein, Lukas hat angefangen!«
»Nein, Eva!«
»Nein, Lukas!«

»Ruhe!«, schreie ich schließlich. Was meinen Mann wiederum dazu bringt, mir vorzuhalten, es sei schon paradox, dass ich »Ruhe« so laut schreie. In meiner Betroffenheitspause machen die Kinder weiter, und Alex greift auch nicht ein.

»Eva hat angefangen!«
»Nein, Lukas hat angefangen!«
»Nein, Eva!«
»Nein, Lukas!«
»Mir ganz egal, wer angefangen hat, beide ab ins Kinderzimmer!«, rufe ich schließlich, was die Kinder wie immer auf die Palme bringt.
»Du bist gemein!«, ruft Eva.
»Du bist total unfair!«, schimpft Lukas.

Vielleicht bin ich das – aber so löse ich in meinem Mutteralltag einfach ganz pragmatisch die Frage nach Henne und Ei mit »Mir egal, wer angefangen hat« und nutze die diskussionsfreie Zeit, mir das nächste Rätsel der Philosophen anzusehen.

21.

INTERVIEW MIT XANTHIPPE

● ○ ● ○ ● ○ ● ○ ●

Ü ber die Bedeutung von Sokrates für die Philosophie gibt es nichts zu deuteln. Der alte Grieche, der bis 399 vor Christus lebte, gilt als einer der Gründungsväter der abendländischen Philosophie. Er fragte beispielsweise nicht nur: »Was ist Tugend?«, sondern entwickelte auch eine spezielle Frageform, um das Gegenüber selbst zu seinem berühmten Satz hinzuführen: »Ich weiß, dass ich nichts weiß.«

Doch nicht nur Sokrates wurde berühmt, sondern auch seine Frau, der die zweifelhafte Ehre zuteilwurde, als personifiziertes zänkisches, unerträgliches Weib in die Geschichte einzugehen. »Xanthippe« wird heute noch als Synonym für »Biest« oder »Hausdrachen« verwendet. Wie hat die gute Frau eigentlich ihrem Mann die Hölle so heißmachen können? Handgreiflich sei sie sogar gewesen, heißt es, um ihren Mann zur Räson zu bringen.

Da die geschichtlichen Quellen eher mager gesät sind und oft verfälschen, wie auch im Falle von Sokrates, der nichts Schriftliches hinterlassen hat und nur über seine Schüler der Nachwelt erhalten blieb, haben wir uns auf eine Zeitreise begeben und Xanthippe direkt gefragt. Wir geben im Folgenden einen

Auszug aus dem Interview wieder, übersetzt aus dem Altgriechischen in die heutige Sprache.

DER BREI UND DAS NICHTS: Frau Xanthippe, wir danken Ihnen für die Bereitschaft zum Interview und fragen gleich ganz direkt. Wie sind Sie eigentlich zu diesem Ruf eines ständig zänkischen Weibes gekommen?

XANTHIPPE: Das ist eine lange Geschichte, die von den Schülern meines Mannes teilweise ganz falsch wiedergegeben worden ist.

DER BREI UND DAS NICHTS: Wie meinen Sie das? Eine lange Geschichte?

XANTHIPPE: Na ja, es fing eigentlich damit an, dass ich mich in Sokrates verliebte, der mir dadurch auffiel, dass er immer durch die Straßen wanderte und allen möglichen Leuten komische Fragen stellte. Übrigens auch mir. Man hätte ihn für einen Spinner halten können, ich aber war fasziniert. Da steht dieser Mann mit Glatze und redet so seltsam wirres und doch so einleuchtendes Zeug daher. Sie müssen wissen: Ich war damals Anfang dreißig und er schon fünfzig.

DER BREI UND DAS NICHTS: Ein gehöriger Altersunterschied!

XANTHIPPE: Ja, aber damals dachte ich nicht daran, es war mir einfach egal! Ich war verliebt, mit Schmetterlingen im Bauch. Ich fand ihn einfach großartig, wie er da so stand und seine Fragen stellte.

DER BREI UND DAS NICHTS: Es heißt, Sie stammen aus adeligem Hause und brachten ein großes Vermögen mit in die Ehe.

XANTHIPPE: Stimmt, deshalb waren meine Eltern auch gar nicht erfreut, dass ich diesen Mann heiratete.

DER BREI UND DAS NICHTS: Und Sokrates verdiente kein Geld mit seinen Straßengesprächen?

XANTHIPPE: Auch richtig. Aber am Anfang dachte ich mir, ist doch egal, Hauptsache, wir haben genug zum Leben.

DER BREI UND DAS NICHTS: Sie wurden sehr schnell nach der Hochzeit schwanger.

XANTHIPPE: Mein Ältester, Lamprokles, kam noch im ersten Ehejahr zur Welt. Übrigens ein Schreikind. Sechs Monate hat er nur gebrüllt. Aber der Ärger mit Sokrates fing schon vor der Schreiphase an, es war nicht so, dass mein Mann sich erst da … wie soll ich sagen … anderweitig orientierte.

DER BREI UND DAS NICHTS: Er nahm sich eine Zweitfrau …

XANTHIPPE: … während ich von ihm schwanger war!

DER BREI UND DAS NICHTS: Aber war das damals nicht üblich?

XANTHIPPE: Es kam bisweilen vor, aber üblich war es auf keinen Fall! Zumal in unserer Ehe, die nicht arrangiert worden war, sondern auf Liebe beruhte. Und dann auch noch die Jungs. Sokrates ließ keinen aus!

DER BREI UND DAS NICHTS: Heute würde Ihr Mann dafür hinter Gitter wandern.

XANTHIPPE: Ich weiß, da hat sich Gott sei Dank viel geändert. Aber auch zu unserer Zeit war es nicht üblich, dass ein Ehemann gleich mit allen seinen jungen Schülern schläft. Wie oft, wenn ich gerade vom Einkaufen heimkam, hab ich ihn mit einem Jungen in unserem Bett erwischt!

DER BREI UND DAS NICHTS: Und da wurden Sie dann auch mal handgreiflich?

XANTHIPPE: Ja, ich hab manches Mal die Kinder und meinen Mann einfach hinausgezerrt und rausgeworfen. Und seine Schüler haben dann auf der Straße Spottlieder über mich gesungen.

DER BREI UND DAS NICHTS: Trotzdem haben Sie noch zwei weitere Söhne von Ihrem Mann bekommen.

XANTHIPPE: Er hat ja immer wieder versprochen, er lässt das jetzt sein und ändert sich. Und ich hab ihm immer wieder geglaubt. Da kamen dann noch meine Söhne Sophroniskos und Menexenos.

DER BREI UND DAS NICHTS: Ungewöhnliche Namen!

XANTHIPPE: Was erwarten Sie? Bei so einem Vater! Um die Namen hat er sich gekümmert, monatelang überlegt während der Schwangerschaft, wie die Kinder heißen sollten. Aber nur über die Namen hat er sich Gedanken gemacht. Sonst über nichts, rein gar nichts, was mit der Familie zu tun hatte. Nicht ein einziges Mal hat er einem Kind die Windeln gewechselt. Und sagen Sie jetzt nicht wieder, das wär doch damals nicht üblich gewesen, dass ein Mann das macht! Natürlich haben Väter auch ihre Kinder gewickelt, das war bei uns in der Antike durchaus üblich. Ich kenne genug Männer im Freundeskreis, die auch regelmäßig einkauften oder kochten oder eben Windeln gewechselt haben. Dass die Frauen ganz alleine dafür zuständig seien, kam doch erst viel später mit den Bürgerlichen in Mode.

DER BREI UND DAS NICHTS: Warum haben Sie dann Sokrates eigentlich nicht verlassen?

XANTHIPPE: Er wurde dann ja bald – dank meines Geldes – zu einem Superstar der Antike, zu einer Berühmtheit. Das wäre ein Skandal gewesen und hätte sich wie ein Lauffeuer herumgesprochen. Aber eigentlich, wenn ich es mir recht überlege, hätte ich das auch in Kauf genommen. Es ging mir um die Kinder. Wissen Sie, als Mutter wollte ich ihnen den Vater nicht nehmen. Da ist man ja irgendwie so erpressbar. Man fühlt sich verpflichtet, den Kindern eine heile Familie zu bieten. Und dann, so blöd es klingt – ich hab ihn auch einfach geliebt, diesen Schuft!

DER BREI UND DAS NICHTS: Das heißt, Sie bereuen nichts?

XANTHIPPE: Doch. Ich hätte irgendetwas Bedeutendes machen sollen, um bei der Nachwelt nicht mit diesem Ruf dazustehen.

DER BREI UND DAS NICHTS: Etwas Bedeutendes ist aber gar nicht so leicht zu machen, da muss einem schon etwas einfallen.

XANTHIPPE: Ich weiß. Oder vielmehr: Ich weiß, dass ich nichts weiß. Denn wissen Sie, den Satz hat er von mir! Diesen Satz, für den er so berühmt geworden ist. Aber natürlich hat er nicht gesagt, dass er von mir stammt.

DER BREI UND DAS NICHTS: Wirklich?

XANTHIPPE: Ja! Und ich weiß auch noch genau, wo und wann ich das gesagt habe. Wir saßen beim Frühstück, die Kinder brüllten gleichzeitig, es war Waschtag, und ich hatte mich um Handwerker und eine Tante zu kümmern. Und da überlegte er umständlich herum, ob jetzt heute ein Schüler zu ihm käme oder nicht oder er etwas vereinbart hätte auf dem Marktplatz. »Du musst das doch wissen!«, sagte er zu mir, als ob ich seine Termine auch noch im Kopf haben müsste! Daraufhin entgegnete ich genervt: »Ich weiß, dass ich nichts weiß!«

DER BREI UND DAS NICHTS: Frau Xanthippe, wir danken Ihnen für das Gespräch.

22.

LIEBE UND TU,
WAS DU WILLST!

● ○ ○ ● ○ ● ○ ●

Marc darf bis zehn Uhr gamen!«
»Lisa hat eine coole Mutter. Die schimpft gar nicht,
wenn sie keine Hausaufgaben macht.«
»Ich gehe mir jetzt alleine die Hose kaufen. Ich bin zwölf!«
»Musst du mir alles vorschreiben?«
»Die anderen in meiner Klasse dürfen das alle, bloß *ich*
nicht!«

Sätze dieser Art hören wir Mütter ständig. Prinzipiell dürfen
alle, alle, alle Kinder stets und immer und unaufhörlich vieeel
mehr als die eigenen. Ganz generell unterstellen die eigenen
Kinder immer elterliche Käfighaltung und Kontrollneurose.
Und selbstverständlich argumentieren die Kinder in diesem
Fall so gut, wie sie es in einem Erörterungsaufsatz niemals
könnten. (Tipp am Rande: Zur Vorbereitung einer solchen
Deutschschulaufgabe eignet sich das Thema vorzüglich, lassen Sie die Kinder mal nicht zu pro und kontra Handy in der
Schule Argumente sammeln, sondern zu ihren eigenen An-
liegen.)

Etwas objektiver gesehen gibt es Familien, die den Kindern mehr Freiheiten lassen, und Familien, die strenger sind. Wir bewegen uns meist so im Mittelfeld. Ohne größere Überlegungen oder Rezepte gehen wir meist einfach mit der Entwicklung unserer Kinder mit und lassen sie eines Tages alleine zur Schule gehen, alleine U-Bahn fahren oder verreisen. Meist spüren wir intuitiv, was wir den Kleinen jetzt schon zutrauen können und wo wir sie noch beschützen und Verantwortung für sie übernehmen müssen. Wir gehen auch nicht stur nach dem Alter – Eva beispielsweise ist ein eher zartes Geschöpf, und ich habe sie erst ein Jahr später als den »Haudegen-Sohn« Lukas alleine den Schulweg gehen lassen.

Wir Eltern »dürfen«, was bei Erwachsenen sonst nur der Staat darf: Die Freiheitsrechte einschränken. Der Philosoph John Stuart Mill (1806–1873) setzte sich ausführlich mit unseren Freiheiten auseinander und kam zu dem Schluss, dass kein Staat und keine Gesellschaft sich in unser Privatleben einmischen darf, um uns zu unserem Glück zu zwingen. Jeder sollte der einzige »Herrscher« über seinen Geist und Körper sein. Nur eine Ausnahme ließ Mill zu: »Dass der einzige Zweck, um dessentwillen man Zwang gegen den Willen eines Mitglieds einer zivilisierten Gesellschaft rechtmäßig ausüben darf: die Schädigung anderer zu verhüten.« Das heißt, ein Polizist darf die Freiheitsrechte eines Schlägers einschränken und ihn verhaften, weil er anderen schadet, wenn er sie verprügelt.

Doch bei der Erziehung unserer Kinder weht gerade ein neuer Wind – der Staat traut uns nicht mehr zu, dass wir es schon richtig machen aus Liebe zu unseren Kindern. Von einem »Elternführerschein« war schon die Rede, und in England wurde kürzlich Eltern das Sorgerecht entzogen, weil die Kinder zu dick waren.

Sie glauben vielleicht: »Na ja, wer die Kinder so verwahrlosen lässt, dem geschieht das nicht ganz zu Unrecht«? Mill sieht jedoch eine ganz gefährliche Tendenz darin, weil die Begründungen wechseln können und beliebig aufzufüllen sind. Könnte es nicht sein, dass morgen unser Sorgerecht in Gefahr ist, weil eine Nachbarin anzeigte, wir hätten die Kinder stundenlang gamen lassen?

Sie halten das für absurd? Kann sein, ein Blick in die Geschichte lehrt aber, dass jede Zeit ihre eigenen seltsamen Moralvorstellungen hat. Mill selbst bekam das auch zu spüren. Er musste wegen Verbreitung »obszöner Literatur« ins Gefängnis – er hatte eine Anleitung zur Schwangerschaftsverhütung verfasst. Denn im Gegensatz zu vielen anderen Philosophen kämpfte Mill auch für die Freiheiten der Frauen, die er als ebenbürtig zum Manne sah. Er forderte ein Scheidungs- und Wahlrecht für Weiber und behandelte seine eigene Frau auch respektvoll, soweit das überliefert ist.

Doch nicht nur der Staat, sondern auch die Gesellschaft traut uns die richtige Erziehung unserer Kinder nicht mehr wirklich zu. Massen von Ratgeberliteratur verunsichern uns mehr, als uns zu helfen. Ernähre ich die Kinder auch richtig, oder bekommen sie zu viel Süßes? Spreche ich mit genügend Ich-Botschaften? Fördere ich die Talente der Kids auch umfassend genug? Immer mehr »Experten« melden sich zu Wort, auf was wirklich zu achten sei. Dabei gibt es nur einen wirklichen Experten auf der Welt für unsere Kinder: die Mutter. Keiner kennt die Kleinen so gut wie wir, und keiner sonst weiß besser, was sie wirklich brauchen.

Nehmen wir uns die Freiheit, auf diese Leute nicht mehr zu hören. Geben wir den Kindern die Freiheiten, die sie brauchen und wie wir sie intuitiv spüren. Führen wir wieder ein altmodisches Wort ein und berufen uns auf es: Mutterliebe. Oder wie Augustinus von Hippo vor mehr als 1500 Jahren sagte: »Liebe und tu, was du willst!«

PS: Jetzt kam gerade mein Sohn herein und fragte, über was ich schreibe. Ich erklärte es ihm kurz.
»Prima!«, rief er. »Dann game ich heute noch länger! Ich brauche mehr Freiheit, rein philosophisch betrachtet!«

23.

PANTA RHEI

● ○ ● ○ ● ○ ● ○ ●

Wieso können Kinder über Nacht zehn Zentimeter wachsen? Wie ist das möglich? Und warum hat noch kein Philosoph diese Frage in aller Tiefe voll und ganz beantworten können?

Ich weiß, jeder Philosoph (und jeder Arzt) wird sagen, dass Kinder über Nacht auf keinen Fall zehn Zentimeter wachsen können, aber jede Mutter weiß ganz genau, dass dies sehr wohl möglich ist.

Kinder schlafen abends mit einem Teddybär im Arm ein und wachen morgens mit zwei Schuhgrößen mehr auf.

Ist gerade bei Sophie passiert.

Dabei hatte ich ihr gerade erst neue Winterstiefel gekauft. Und jeder, der für Kinder Winterstiefel kauft, weiß, wie teuer die sind. Unfassbar. Die neu gekauften und ungefähr eine Woche getragenen Stiefel hatten über einhundert Euro gekostet. Ein Vermögen angesichts der Kurzlebigkeit von Kinderschuhen, denn eh man sich's versieht, ist das Kind schon wieder rausgewachsen. Aber bitte doch nicht schon nach einer Woche! Und dennoch: Gute Schuhe, finde ich, müssen sein. Bei vielem anderen kann ich problemloser sparen.

Sophie auf jeden Fall wurde wach und passte nicht mehr in die Stiefel rein. Katastrophe! Im Sommer mit Sandalen ist das ja nicht so schlimm, da kann ein Kind einen Tag locker überstehen, auch wenn die Zehen vorne rausschauen. Aber im Winter geht das gar nicht, und so musste Sophie bei Schneematsch die neuen, eigentlich schon fürs Frühjahr gekauften Converse (im letzten Schlussverkauf mit Bedacht eine Nummer zu groß erstanden, damit sie auch in einem halben Jahr noch passen) anziehen, bis wir nachmittags schnell neue Stiefel kaufen gingen.

Tja. So ist das. Bei den Stiefeln. Und überhaupt bei Kindern. Kaum dreht man sich einmal um, schon gehen sie in den Kindergarten, dabei waren die doch gerade noch Babys. Und gestern noch wurde man morgens tränenreich im Kindergarten verabschiedet, und heute schon hat man eine Pubertierende, die mit ihren Eltern möglichst nirgendwo mehr gesehen werden will und demonstrativ mindestens drei Schritte hinter oder vor einem geht.

Kinder verändern sich ständig. Nicht nur körperlich. Auch geistig. Erst immer nur dudu und dada, und rucki, zucki sind sie besser in Mathe als man selbst und erklären einem die Welt.

Dieser stetige rasante Wandel im Leben mit Kind hat mich am Anfang ziemlich verblüfft und in Atem gehalten. Schließlich hatte ich mich als Erwachsene ohne Kind eher in einem langen, trägen Fluss der Beständigkeit gewähnt.

Aber auch das war wohl in gewisser Weise ein Trugschluss, wenn man Heraklit (um 535–475 v. Chr.) glauben darf. Von diesem frühen Philosophen stammt der so schöne Spruch: »Man kann nicht zweimal in denselben Fluss steigen.«

Heraklit hat diesen Gedanken auch noch anders ausgedrückt: »Denen, die in denselben Fluss steigen, strömt immer anderes Wasser zu.« Oder auch: »In dieselben Flüsse steigen wir und steigen wir nicht; wir sind und wir sind nicht.« Und noch anders ausgedrückt: »Alles fließt«, oder auf Griechisch: »Panta rhei.« Wobei das wohl später von anderen Philosophen so verkürzt worden ist. Unter anderem von Platon: »Alles fließt und nichts bleibt. Es gibt nur ein ewiges Werden und Wandeln.« Ich finde diesen Gedanken so unglaublich faszinierend und zutreffend für das Leben. Und besonders für das Leben mit Kindern. Hat wahrscheinlich etwas damit zu tun, dass ich meine Jugend in einer Spät-Hippie-Ära verbracht habe und mit Yin und Yang und all so einem Zeug groß geworden bin. Das prägt.

Aber erst mit der Geburt von Sophie ist mir zum ersten Mal so richtig klargeworden, dass nichts so bleibt, wie es ist. Dass sich alles verändert – ständig. Täglich. Unmerklich. Oder deutlich spürbar. Langsam oder schnell. Ob wir das wollen oder nicht.

Das Leben ist in einem ständigen Wandel, und Kinder führen einem das täglich vor Augen. Und das nicht nur mit einem Paar neuer Winterstiefel.

Festhalten gilt nicht. Festhalten geht nicht.

Wir können nicht in einem Augenblick erstarren, auch wenn er noch so schön ist. Das Leben fließt einfach ständig weiter. Und auch noch eine andere Form des Fließens wird einem mit Kindern neu bewusst: Der Gedanke, dass man selbst in irgendeiner Form in ihnen weiterfließt in die Zukunft. Dass immer neue Generationen aus den vorangegangenen entstehen. Während man selbst irgendwann nicht mehr da ist, werden die eigenen Kinder, und auch später die Kindeskinder und Kindeskinderkinder, weiterleben. Und so geht es immer weiter.

Dabei bin ich auf noch einen sehr schönen Satz von Heraklit gestoßen: »Unsterbliche sind sterblich. Sterbliche unsterblich; sie leben einander ihren Tod und sterben einander ihr Leben.« Klingt irgendwie wunderbar, auch wenn ich den Satz wahrscheinlich nicht voll und ganz verstehe.

Alles ist im Fluss. Der Tag geht in die Nacht über und die Nacht wieder in den Tag. Aus Kindern werden Erwachsene, und die bekommen wieder Kinder, die wieder erwachsen werden und Kinder bekommen.

Alles ändert sich ständig. Und Kinder kann man nicht festhalten. Vielmehr muss man sie ab der Geburt ja ständig loslassen.

Übrigens entdeckte Heraklit hinter dem Wandel, den er als das einzig Beständige betrachtete, ein universelles kosmisches Gesetz (»logos«), durch das alle Dinge sind und werden. Und hinter all dem Wandeln und Werden und Vergehen steht eine Einheit. »Aus allem wird eins und aus einem alles.« Oder auch: »Sich wandelnd ruht es.« – Auch das finde ich einen unglaublich schönen und tröstlichen Gedanken.

Man könnte dazu vielleicht auch mit den späteren Quantenphysikern sagen: »Im Universum geht nichts verloren.«

Im Übrigen auch nicht Sophies alte Winterstiefel, die wir einfach Annabell, der Tochter einer Freundin geschenkt haben. Und Annabell ist nicht nur über Nacht plötzlich gewachsen, sondern bekommt auch noch demnächst eine kleine Schwester, und damit verändert sich dann mal wieder alles. Und alles fließt – nicht nur die Muttermilch.

24.

WAS DU NICHT WILLST ...

● ○ ● ○ ● ○ ● ○ ●

Sophie kam in der vierten Klasse einmal ziemlich verwirrt und verunsichert aus der Schule heim. Einer Freundin von ihr wurden zehn Euro aus dem Schulranzen gestohlen. Das ist offensichtlich irgendwann nachmittags im Hort passiert, als alle Schulranzen in der – völlig chaotischen – Garderobe lagen. Bei dem Durcheinander hätte man auch einfach glauben können, die zehn Euro wären in dem Chaos einfach verlorengegangen. Aber es war wohl doch ein Diebstahl.

Die Freundin hatte nach der Entdeckung des Diebstahls geweint, es waren zehn Euro von ihrem Taschengeld, die ihr jetzt schmerzlich fehlen würden, und Sophie hatte versucht, sie zu trösten. Es musste irgendjemand aus der Klasse gewesen sein, sonst hatte ja niemand Zugang zu der Garderobe vom Hort, so die Überlegungen der Mädchen damals.

Die Spekulationen innerhalb der Klasse kochten hoch.

Wer war's? Diverse Vermutungen wurden angestellt, die unbeliebtesten Schulkameraden als Erstes verdächtigt, allerlei Detektivideen geisterten durch die Köpfe der Kinder, Telefonate wurden geführt, der Lehrer sprach den Diebstahl vor der Klasse an, die Hortnerinnen auch.

Nichts half, die zehn Euro blieben verschwunden. Der Dieb stellte sich nicht, obwohl er die Gelegenheit bekommen hatte, die zehn Euro völlig anonym zurückzugeben. Vielleicht hatte er oder sie das Geld schon in Fußballerbildchen oder Süßigkeiten investiert. Vielleicht hatte er auch so viel Angst bekommen, dass selbst eine anonyme Rückgabe ihm zu riskant erschien. Vielleicht war ihm aber auch alles egal, und er freute sich einfach über das Geld und hoffte auf neue Beute.
Wer weiß.
Das war auf jeden Fall das erste Mal (immerhin erst im vierten Schuljahr), dass innerhalb von Sophies Klasse etwas geklaut worden war, und das war ja sowieso anscheinend ein Wunder, wenn ich so die Geschichten von anderen Müttern höre.

Eine mit mir befreundete Mutter ist vor einiger Zeit in ein anderes Bundesland gezogen, und das Erste, was in der Schule passiert ist, war, dass die beiden Jacken ihrer Zwillinge in der ersten Woche abhandenkamen. Jacken von irgendeiner Marke, nichts besonders Teures, aber auch nichts Superbilliges. Meine Freundin ging daraufhin zum Lehrer und wollte gerne in der Klasse ein Gespräch über den Diebstahl initiieren und möglichst beide Jacken zurück. Der Lehrer zuckte nur mit den Achseln und meinte, sie sollte ihren Kindern besser nur noch möglichst billige Klamotten kaufen – alles andere würde innerhalb von vierundzwanzig Stunden sowieso verschwinden, das wäre an der Schule einfach so, und wenn er so was jedes Mal in der Klasse besprechen würde, käme er nicht mehr zum eigentlichen Unterricht.
Meine Freundin – münchenverwöhnt und damit von der Insel der Seligen kommend – war sprachlos und überlegte für die

nächsten paar Wochen, ob dieser Umzug und der damit verbundene Schulwechsel wirklich eine gute Idee gewesen war.

Mittlerweile ist sie im Übrigen dort oben sehr glücklich, die Kinder auch, und die Zwillinge tragen in der Schule nur noch Sachen, aus denen meine Freundin penibel jedes Label und sonstiges Markenerkennungszeichen rausgetrennt hat. Das ist natürlich auch eine Lösung. Eine sehr pragmatische.

In jedem Fall scheint das Thema Diebstahl so ziemlich jede Mutter irgendwann in irgendeiner Form zu erreichen, wenn ich mich so in meinem Freundes- und Bekanntenkreis umhöre. Und da kann man noch froh sein, wenn das eigene Kind keine diebische Elster ist. Sophie hat noch nie etwas mitgehen lassen – zumindest soweit ich weiß.

Dafür war ihre Mutter, also ich, allerdings in früher Kindheit einmal eine kleine Elster. Es ist wahr – leider. Und ich geb's hier jetzt öffentlich zu. Ich war so sechs oder sieben Jahre alt. Ein kleines Plastikpferd von einem anderen Mädchen hatte es mir ungeheuer angetan. Dieses kleine Plastikpferd erschien mir als der Himmel auf Erden. Ich weiß heute gar nicht mehr, wie das Ding aussah, ich weiß nur noch, ich musste es unbedingt haben. Und meine Mutter wollte mir so was nicht kaufen. An einem Nachmittag habe ich das Ding heimlich mitgehen lassen – einfach in die Hose gestopft – und, mit einem ungeheuer schlechten Gewissen, mit nach Hause genommen. Ich konnte das Pferdchen zu Hause in meinem Zimmer angekommen leider gar nicht richtig genießen. Eine kleine Stimme in mir zwickte und zwackte, und am allerliebsten hätte ich meine Tat ungeschehen gemacht oder das Ding einfach in den Mülleimer geworfen und so getan, als wäre es nie passiert. Aber es war passiert. Ich hatte geklaut. Auweia. Was jetzt?

Meine Mutter hat dann – vielleicht glücklicherweise – am gleichen Abend das Plastikpferd entdeckt, daraufhin folgte eine gehörige Standpauke, und ich musste am nächsten Tag das Ding mit einer Entschuldigung zu dem Mädchen zurückbringen.

Wie peinlich. Ich wäre am liebsten im Boden versunken.

Ich habe danach nie wieder etwas mitgehen lassen.

Mein schlechtes Gewissen ist einfach unglaublich ausgeprägt, und wenn ich nur in der U-Bahn schwarzfahren müsste, könnte ich das nur mit hochrotem Kopf tun, und jeder Kontrolleur wüsste sofort, woran er ist.

Mir wurde also sehr früh klar: Menschen wie ich sind einfach nicht für eine ausgeprägte kriminelle Karriere geschaffen. Deshalb muss ich jetzt auch Buchstaben an Buchstaben reihen, statt auf Diebestour über die Dächer von Nizza zu klettern.

Tja. Das schlechte Gewissen. Diese kleine, feine Stimme in uns, die uns sagt, wenn wir was falsch gemacht haben.

Woher kommt die?

Ist es die Stimme meiner Mutter? Meines Vaters? Unserer Gesellschaft, in der Diebstahl – nun ja, wenn vielleicht auch nicht gerade von kleinen Kindern – auch rechtlich unter Strafe steht?

Oder halten wir uns einfach nur an das siebte Gebot: »Du sollst nicht stehlen«?

Ist es also die Stimme Gottes? Nun, das würde dann ja nur für die Christen und die Gläubigen gelten – da spricht dann Gott direkt mit denen, und der Rest muss schauen, wo seine oder ihre Gewissenstimme bleibt.

Und wenn es die Stimme der Eltern wäre – wieso funktioniert die Ermahnung bei manchen Kindern und bei manchen Kindern nicht?

Die Philosophen haben sich dazu natürlich auch schon ihre Gedanken gemacht. Platon zum Beispiel meint, der Mensch wisse ursprünglich, was Gerechtigkeit und was die anderen Tugenden seien. Er trüge in seiner Seele Urbilder all dieser rechten Weisen des Verhaltens. Und diese Urbilder könnten und sollen sein Handeln bestimmen.

Das ist ein schöner Gedanke, diese Urbilder. Aber in dem Satz steht auch schon drin, dass diese Urbilder das Handeln bestimmen können und SOLLEN.

Offensichtlich gibt es aber Leute, die haben entweder keine Urbilder, oder diese Urbilder sind von den Bildern des grenzenlosen Konsums völlig überlagert.

In Sophies Klasse wird nämlich weiterhin geklaut. Die zehn Euro waren leider kein Einzelfall. Mittlerweile verschwinden immer wieder Geld und manchmal auch Kleinigkeiten aus den Schulranzen. Das ist ziemlich blöd. Jetzt traut sich Sophie nicht mehr, zum Beispiel das Geld für ihre Gitarrenstunden einfach mit in die Schule zu nehmen, denn es könnte ja geklaut werden, und ich muss es jedes Mal überweisen.

Aber blöd ist auch, dass ich Sophie erklären muss, dass es Menschen gibt, die stehlen. Wobei ich natürlich größten Wert darauf lege, dass Sophie selbst nicht klaut. Ich muss ihr also erklären, dass sie etwas nicht tun soll, was ein anderes Kind offensichtlich ziemlich problemlos macht. Tja.

Ehrlich gesagt frage ich mich selbst, welches Kind in der Klasse klaut und wieso und warum es das macht. Ich kenne ja alle Mütter in der Klasse und kann mir nicht vorstellen, dass eine davon zu ihrem Kind sagt: »Klau dir doch einfach, was du willst.«

Oder vielleicht gibt es diese Mutter doch? Und wenn ja, warum halte ich eigentlich so ein Denken für völlig falsch?

Warum sage ich Sophie nicht einfach: »Klau dir doch einfach

auch das neue Handy von der X. Ist doch wirklich billiger, als wenn ich dir das auch noch kaufen muss.« Wäre ja grundsätzlich auch eine Möglichkeit, durch das Leben zu kommen. Und wäre im Übrigen logisch-inhaltlich vollkommen richtig. Klauen ist billiger als kaufen.

Das ist aber etwas, was ich noch nicht mal denken würde. Weil ich so was für völlig falsch halte.

Aber woher weiß ich überhaupt, was richtig und falsch ist? Und hier landen wir automatisch bei einer der Grundfragen der Philosophie, genauer gesagt bei einer der Grundfragen der Moralphilosophie oder Ethik: »Was soll ich tun?«

Das hat schon Kant gefragt, und das muss sich irgendwann jeder Mensch fragen. Und jede Mutter. Und jedes Kind.

Wie handle ich richtig?

Wie können wir objektiv beurteilen, was richtig und was falsch ist in unserem Handeln?

Und können wir das überhaupt wirklich?

Darüber gibt es in der Moralphilosophie, die man auch als praktische Philosophie bezeichnen könnte, da sie sich mit dem menschlichen Handeln beschäftigt, einige Theorien. Eines der wichtigsten Handlungsprinzipien stammt von Immanuel Kant und heißt »kategorischer Imperativ«. Davon haben die meisten Leute schon mal irgendwie gehört. Ausformuliert lautet dieser Imperativ: »Handle nur nach derjenigen Maxime, durch die du zugleich wollen kannst, dass sie ein allgemeines Gesetz werde.« Super Satz.

Und für einen Philosophen mal richtig kurz und knackig und ziemlich verständlich für alle formuliert.

Ich finde den Satz ziemlich einleuchtend. Also, zumindest als Maxime für unser aller Zusammenleben.

Gut, es gibt daran ein paar kleine Feinheiten und Haken, mit denen sich dann wiederum andere Philosophen auseinandergesetzt haben. Wenn man zum Beispiel das Thema »Notlüge« nimmt.

»Du sollst nicht lügen« ist wohl etwas, das man durchaus als ein allgemeines Gesetz formulieren könnte – aber was ist, wenn ich mit einer Lüge ein Leben retten kann? Darf ich das dann oder nicht? Ist das dann moralisch oder nicht? Diese Frage könnte man sich natürlich ebenso mit Blick auf das Gebot »Du sollst nicht stehlen« denken – da gibt es sicher auch interessante Ausnahmen. Also Situationen, in denen stehlen moralisch absolut richtig wäre. Zum Beispiel, wenn man die Menschheit rettet, indem man einem Irren einen Atombombenzünder klaut. James Bond eben. Aber das kann ich hier ja jetzt nicht alles aufdröseln. Bin ja auch nicht James Bond. Wobei, der könnte das wohl auch nicht theoretisch aufdröseln, der kann ja nur praktisch die Welt retten.

Mir reicht jetzt erst mal die Idee von Kant. Und dann fällt mir ein, was meine Mutter schon immer gesagt hat: »Was du nicht willst, das man dir tu, das füg auch keinem andern zu.«
Das ist jetzt nicht so elegant ausgedrückt, wie Kant das getan hat, trifft aber immer noch ziemlich den Kern der Sache. Womit man mal wieder sieht: Mütter sind durchaus Philosophen. Und so erkläre ich das auch Sophie.
Denn wenn wir in einer Welt leben würden, in der Stehlen grundsätzlich okay wäre, könnte sie sich zwar die Sachen von den anderen einfach klauen, aber die anderen würden dann auch Sachen von ihr ständig klauen und so weiter und so fort. Sophie denkt darüber nach, und sie kommt zu dem Schluss, dass das bestimmt nicht lustig wäre, in einer Welt zu leben, in

der jeder jedem ständig alles klaut. Also, sie klaute Annika deren Lieblings-T-Shirt, dafür klaute Melissa Sophies Handy, auf das sie schon immer scharf war, weil sie nur ein uraltes von ihrer Mutter hat, und dann muss Sophie sich ein neues Handy klauen, vielleicht von Aaron, denn der hat ein iPhone, das wäre super, Sophie will schon eine gefühlte Ewigkeit ein iPhone, aber das geklaute iPhone von Aaron wird Sophie gleich wieder von Alex geklaut, der so was auch schon immer mal haben wollte und der gar kein eigenes Handy bisher hat und so weiter und so fort.

Sophie und ich spielen eine Welt des permanenten Klauens einfach mal durch. Ziemliches Chaos in jedem Fall. Und im Endeffekt bestimmt nicht lustig. Sie müsste dann ja dauernd auf ihre Sachen besonders aufpassen und wüsste eigentlich nie genau, ob sie morgen noch ein Handy in der Tasche hätte oder schnell ein neues klauen müsste.

Also gar nicht so schlecht, der kategorische Imperativ. Er funktioniert allerdings nur wirklich gut, wenn alle sich auch daran halten. Aber das ist ja nun mal leider nicht immer der Fall.

Das macht aber den kategorischen Imperativ nicht schlecht – nur die Leute, die sich nicht dran halten.

Und die werden ja hoffentlich irgendwann auch bestraft. Also, wenn ich den- oder diejenige erwische, die in Sophies Klasse klaut – dem ziehe ich gehörig die Ohrwascheln lang.

Ich habe Sophie übrigens eines Abends die Geschichte mit dem kleinen Pferdchen und meinem eigenen Diebstahl erzählt.

Sophie hat mich mit großen Augen angeschaut. Mama hat

geklaut! Na so was! Und ich habe ihr von dieser kleinen Stimme in mir erzählt, die man im Allgemeinen Gewissen nennt und die mir – so finde ich – eigentlich immer sehr klar sagt, was richtig und falsch ist, was gut und schlecht. Und Sophie kennt diese kleine Stimme übrigens auch. Die meldet sich auch ab und an bei ihr – manchmal leise, manchmal laut.

Als Sophie mir von ihrer eigenen kleinen Gewissensstimme erzählt, bin ich froh. Mir ist ganz egal, woher die kommt. Hauptsache, sie ist da und zeigt Sophie immer wieder den Weg. Denn wie hat meine Mama schon immer gesagt: Ein gutes Gewissen ist ein sanftes Ruhekissen. Und damit gebe ich Sophie einen fetten Gutenachtkuss und weiß, dass wir beide heute Nacht zumindest gut schlafen werden.

25.

HALTE TANTE INGE
DIE TÜR AUF!

● ○ ● ○ ● ○ ● ○ ●

Halte doch der Tante Inge das nächste Mal die Tür auf!«, fordert mein Mann unseren Sohn Lukas auf.

»Warum?«, fragt Lukas. »Was bringt das schon?«

»Das ist einfach höflich!«, erwidert Alex. Mir wäre dazu auch nichts anderes eingefallen.

»Warum sollen wir eigentlich höflich sein?«, fragt Eva. »Das nervt bloß.«

»Weil … weil es das Zusammenleben der Menschen erleichtert!«, antworte ich. Alex nickt. Unfassbar! Alex und ich sind uns in mindestens einer Erziehungsfrage auf Anhieb einig!

Lukas hakt nach. Im Grunde genommen sei es doch bloß verlogen, wenn er zu seiner Lateinlehrerin (die er hasst!) höflich ist. »Höflichkeit ist Lüge!«, fasst er zusammen.

»Wenn wir immer die Wahrheit sagen würden, würden wir andere bloß unnütz verletzen«, führt Alex aus. »Oder sollte ich Tante Inge sagen, dass ihre Haarfarbe so scheußlich ist und ihr Benehmen unter aller Kanone?« Alle lachen über Alex' Offenheit.

»Warum nicht?«, meint Lukas. »Dann würde sie nicht mehr

zu uns kommen, ihr müsstet ihr Blabla nicht mehr ertragen, und ich müsste keine Türe mehr aufhalten!«

Was meine Familie gerade erörtert, ist genau das, was eine bestimmte Strömung der Philosophie beschreibt, die Moralistik nämlich (nicht zu verwechseln mit der Moralphilosophie). Bis zur Aufklärung befassten sich die Denker mit höflichen Verhaltensweisen, dann geriet die Disziplin aus der Mode. Die Loslösung von gesellschaftlichen Zwängen wurde seither mehr betont als das zuvorkommende Benehmen in Gesellschaft. Doch die Moralistik geht noch weiter – im Grunde genommen ist sie die »Kunst der Menschenkenntnis« und zeigt auf, was echte und geheuchelte Moral ist. Sie überwindet das Vorurteil, das gut erscheinende Handeln sei nur durch Charakterfestigkeit möglich. »Gut« handeln wird man oft aus den eigennützigsten Motiven. Ob der Egoismus dabei als moralisch verwerflich zu betrachten ist? Das interessiert die Moralistik nicht, das untersucht die Moralphilosophie.

Tante Inge kommt, Lukas hält ihr höflich die Tür auf, Eva grüßt anständig, Alex und ich plaudern beim Kaffee unverbindlich mit ihr.
Tante Inge lästert über die Kartenspielrunden meiner Mutter, fragt Alex indiskret, ob er nun endlich eine Gehaltserhöhung bekommen habe; sie ermahnt Lukas und Eva mehrmals: »Das macht man nicht! Wollt ihr ungezogene Kinder sein?«, und bemerkt mit in der Wohnung umherschweifendem Blick spitz zu mir, ob ich mir nicht besser eine Putzfrau anschaffen sollte, Job, Kinder und Haushalt würden manche Frauen einfach überfordern.

In der nächsten Sekunde spielt mein Hirn folgende Szenarien durch:

1. Ich springe ihr jetzt an die Gurgel.
2. Ich werfe sie jetzt hochkant hinaus.
3. Ich vergraule sie elegant-höflich so nachhaltig wie möglich.

Lukas kommt mir zu Hilfe. Absichtlich? Unabsichtlich? Egal.

»Was ist eigentlich Höflichkeit?«, fragt er Tante Inge.

Die schaut verwundert, Alex, Eva und ich unterdrücken ein Grinsen.

Tante Inge antwortet: »Gutes Benehmen. Wie kommst du darauf?«

»Ach, bloß so, weil wir vor kurzem darüber gesprochen hatten«, antwortet Lukas.

Alex, Eva und ich tauschen Blicke und nehmen Lukas' Ball auf.

Eva sagt: »Höflichkeit ist also gutes Benehmen. Andere nicht verletzen.«

»Genau!«, ergänzt Alex. »Wenn wir immer die Wahrheit sagen würden, das, was wir uns gerade denken, dann würde es das Zusammenleben vergiften.«

»Ja!«, rufe ich. »Genau darüber macht sich die Moralistik Gedanken. Höflichkeit ist auch, die anderen einfach so sein zu lassen und zu tolerieren, wie sie sind.«

»Also angenommen, wir besuchen jemanden«, führt Lukas aus, »dann machen wir Komplimente zu dem, was wir gut finden, und sagen nichts zu dem, was uns nicht passt.«

Alex und Lukas grinsen sich an. Eva kichert, ich versuche, cool zu bleiben, und biete Tante Inge ein weiteres Stück Kuchen an.

»Unerhört!«, ruft diese und springt auf. »So eine … so eine … so etwas … so eine Familie! Ich gehe. Auf der Stelle!«

»Soll ich dir den Mantel bringen?«, fragt Lukas freundlich, ruhig und höflich. (Mein Sohn sollte später Schauspieler werden, er wird ganz sicher den Oscar dafür kriegen!)

»Soll ich dir den Kuchen noch einpacken?«, fragt Eva freundlich, ruhig und höflich. (Die Schauspielkünste meiner Tochter stehen denen meines Sohnes in nichts nach.)

Alex und ich können nicht mehr an uns halten und prusten vor Lachen los.

Tante Inge verfällt in Schnappatmung, flieht aus unserer Wohnung und meldet sich nicht mehr.

Hoch lebe die Moralistik und meine Familie!

26.

CHILLEN MIT SENECA

● ○ ● ○ ● ○ ● ○ ●

Gerade gestern war mal wieder einer dieser Tage. Sophie wurde mitten in der Nacht wach, mit Halsweh, Durst und Hunger. Also, das hieß dann für mich aufstehen, Halstabletten raussuchen, Glas Wasser bringen und schnell noch ein Nutellabrot nachschieben. Sophie schlief danach wieder friedlich ein – ich nicht. Ich machte mir Sorgen wegen des bevorstehenden Urlaubs (verdammt, keine Reiserücktrittsversicherung abgeschlossen, weil ich an der falschen Stelle sparen wollte und dachte, das Kind sei krankheitsmäßig aus dem Gröbsten raus). Dann schlief ich irgendwann doch wieder ein, um gefühlte fünf Minuten später vom Handy wieder geweckt zu werden, das blöderweise neben meinem Bett lag und nicht auf lautlos gestellt war. Irgendjemand schrie in einer sehr fremdländischen Sprache auf mich ein und hatte wohl die falsche Handynummer gewählt. Mehr Verständigung war leider nicht möglich, ich schätze, der Anrufer war aus Usbekistan oder so. Na super. An Schlaf war erst mal nicht zu denken, ich stand auf und machte mich an den Wäscheberg im Keller. Irgendwo hab ich mal gelesen, dass das helfen soll, Dinge zu sortieren, damit man damit den Kopf sortiert, und dann kann man wieder einschlafen. Danach wieder rein ins schon kalte Bett. Und jetzt hätte ich wirklich gut wieder einschlafen können, gerädert, wie ich war. Übrigens habe ich absolut keine Ahnung, wie um alles in der Welt ich die Babyzeit von Sophie mit Mehrmals-in-der-Nacht-aus-dem-Tiefschlaf-gerissen-Werden überlebt habe. Ich vermute mal, meine Hormone haben damals wie Drogen gewirkt, oder alles ist in dem milden Nebel des Schlafentzugs untergegangen.

Ich also in diesem kalten Bett, Blick auf die Uhr: In fünf Minuten wird der Wecker klingeln. Für fünf Minuten wieder einzuschlafen machte sowieso keinen Sinn mehr, also wieder raus aus dem Bett, Frühstück für alle machen und eine Brotzeit für Sophie, mir nur einen doppelten Espresso. Die Tochter, der es – ein Fall von kindlicher Spontanheilung – schon wieder besserging, machte sich endlich auf in die Schule.

Leider warf Sophie mir beim Rausgehen noch schnell den Satz zu: »Die Toilette hat irgendein Problem.« Aha. Oh weh. Jetzt haben schon Toiletten Probleme und nicht nur Menschen. Problem der Toilette sofort gefunden, ließ sich nicht übersehen, also Klempner rufen, Notfall, meine Lektorin rief währenddessen an, der Abgabetermin des Manuskripts wurde drei Wochen vorverlegt, könnte ich nicht irgendwie schneller mit dem Text fertig werden, also hastig ein paar Zeilen geschrieben und dann festgestellt: Die Milch im Kühlschrank war schlecht, und es war außer den Zutaten für Milchreis nichts für das Mittagessen zu Hause. Ein ganz normaler Vormittag für eine ganz normale Mutter eben.

Und dann kam Sophie aus der Schule mittags heim. Es gibt übrigens in Sophies Schule keinen Hort mehr für die gesamte sechste Klasse – man geht dort offensichtlich davon aus, dass die Kinder so mit elf Jahren vollkommen selbständig sind und Mütter nicht und wenn, dann nur halbtags berufstätig sind. Das ist eine Situation, über die, soweit ich weiß, noch kein Philosoph der Welt ernsthaft nachgedacht hat. Dabei ist das doch eine der großen Fragen der Menschheit. Wie kann ich als Mutter arbeiten, wenn ich keine Kinderbetreuung habe, und wenn ja, wie viel?

Sophie kam also heim, warf ihren Schulranzen in die Ecke, setzte sich an den Tisch, blickte auf den Teller mit dem Mittagessen drauf und sagte: »Igitt, was ist denn das?« Ich hatte Nudeln gezaubert mit Dingen, für die sich in Somalia Leute vielleicht umbringen würden.

Das hat das Fass irgendwie zum Überlaufen gebracht.

»%&!!!!§§$????§%&§§«, schrie ich Sophie an. Ich meine, das ist nicht so meine Art, mein Kind anzuschreien, aber schlaflose Nächte zehren mit steigendem Alter immer mehr an mir. Ich war kurz davor, Sophie den Kopf abzureißen, mich scheiden zu lassen, zwei Badeanzüge und eine Kreditkarte einzupacken und auf die nächste völlig einsame Insel zu flüchten.

Ein ganz normaler Zustand einer ganz normalen Mutter eben.

Sophie blickte mich an und sagte völlig unbeeindruckt zu mir: »Chill mal, Mama«, und fing dann an, sich seelenruhig doch die Nudeln reinzustopfen.

»Chill mal, Mama.«

Ja. Genau. Sophie hat ja vollkommen recht.

Ich sollte öfter mal chillen. Ich sollte eigentlich dauerchillen. Ich sollte in einer Chill-out-Lounge mein Leben verbringen. Ist das nicht der heimliche Wunsch aller dauergestressten westlichen Menschen?

Leider lässt das mein Leben als berufstätige Mutter irgendwie nicht zu. Chillen, entspannt sein, völlig relaxed im Hier und Jetzt sein ist ein Zustand, den ich leider nur sehr selten erreiche.

Was macht man da?

Kleine bunte Pillen? Ein Gläschen Schnaps am Morgen? Den Joint aus der Jacke des pubertierenden Sohnes klauen? Doch noch mehr Yoga einschieben und dafür jeden Tag um vier Uhr morgens aufstehen?

Alles keine wirklich praktikablen Lösungen, meine lieben Mitmütter. Zumindest nicht für mich.

Aber wie überlebt man solche Tage? Ohne vor der nächsten psychiatrischen Klinik zu stehen und um freiwillige sofortige Aufnahme zu bitten? (Die haben da Einzelzimmer und immer frisch von jemand anderem als einem selbst bezogene Betten. Außerdem sei das Essen gar nicht so schlecht wie immer angenommen, vertraute mir eine befreundete Mutter von Drillingen an, die kurzzeitig dort Unterschlupf fand.)

Aber auch das ist keine wirkliche Lösung.

Egal, wenn Mütter eines in ihrem Alltag gut gebrauchen können, dann ist das Gelassenheit oder Seelenruhe. Das ist übrigens eines der altmodischen Wörter, das man für »chillen« verwenden kann.

Denn wie wir alle wissen, gleicht unser Alltag oftmals einem Hamsterrad. Da ist etwas Gelassenheit genau das, was uns Müttern guttut. Und da hat die Philosophie uns Müttern durchaus einiges zu bieten.

Chillen mit Seneca, sage ich da nur. Der hat ein paar sehr interessante Dinge zu diesem Thema geschrieben. *Von der Seelenruhe*, *Vom glücklichen Leben* oder auch *Über die Muße* sind ein paar Schriften von ihm, die auch heute noch sehr aufschlussreich zu lesen sind.

Denn auch wenn Lucius Annaeus Seneca keine berufstätige Mutter im Jahre 2014 war, sondern ein Philosoph, Dramatiker, Naturforscher und Staatsmann, der vor rund 2000 Jahren gelebt hat, so war er unter anderem der Erzieher von Nero. Nero!

Ja, genau: dieser wahnsinnige römische Kaiser, von dem wir alle zumindest mal gehört haben. Und selten was Gutes.

Das muss man sich mal vorstellen. Nero erziehen!

Da braucht man sicher mehr als eine große Portion Gelassenheit. Gegen Nero, der ein waschechter Tyrann war, sind unsere kleinen Tyrannen von heute doch wohl ein Klacks.

Wenn Seneca es selbst mit einem der schwierigsten Jungs überhaupt ausgehalten hat, dann muss er in jedem Fall eine große Portion Gelassenheit an den Tag gelegt haben. Da kann sich wahrscheinlich jede Mutter und jeder Lehrer eine Scheibe abschneiden.

Ich glaube, egal wie hyperaktiv, quengelig und nervig unsere Kinder auch sein mögen, und egal wie oft ihnen ADHS bescheinigt wird – an Nero kommen sie sicher nicht ran. Der hatte ja auch ein ganzes Kaiserreich zum Spielen und zum Tyrannisieren und nicht nur seine Mutter und seine Familie. Übrigens hat Nero seine Mutter irgendwann umbringen lassen. Man sollte als Mutter also wirklich sehr, sehr vorsichtig sein und lieber Grenzen setzen, bevor das Kind ein *echter* Tyrann wird.

Seneca selbst, Neros Lehrer, hat keine eigene Denkrichtung entwickelt, aber er ist einer der bekanntesten Vertreter der Stoa. Und auch wenn man nicht sehr in Philosophie bewandert ist, so kennt man doch im Allgemeinen den Begriff der stoischen Ruhe. Wenn das nichts ist, was man als Mutter dringend täglich gebrauchen könnte!

Die stoische Ruhe setzt sich dieser philosophischen Schule zufolge aus vier verschiedenen Faktoren zusammen, die man alle braucht oder beherrschen sollte, um die Seelenruhe eines stoischen Weisen zu erreichen.

Erstens sollte man über eine ausgeprägte Affektkontrolle verfügen. Also, das bedeutet, liebe Mütter: nicht mehr rumschreien, so wie ich heute. Nie mehr die Nerven verlieren, immer lieb, nett, verständnisvoll reagieren, egal ob das Kind die frisch gestrichene Wand bemalt, Mehl über den neuen Teppich kippt oder einen achtzehnjährigen Gothic Punk mit weiß geschminktem Gesicht und schwarzem Ledermantel als neuen Freund mit nach Hause bringt.

Zweitens soll man frei von Leidenschaften sein. Da muss ich jetzt mal sagen: kein Problem, gar kein Problem, denn zur Leidenschaft fehlt mir wie so ziemlich jeder Mutter, die ich kenne, leider einfach die Zeit. Und leider bezieht sich dieser Zeitmangel auf jede Form von Leidenschaft und betrifft nicht nur die körperlichen Begierden. Auch Hobbys oder scheinbar ganz normale Dinge wie ein Buch zu Ende zu lesen, bis in die Puppen zu schlafen oder die Nacht durchzutanzen sind für eine Mutter quasi Leidenschaften, denen sie sowieso erst wieder so in zwanzig Jahren frönen kann.

Drittens sollte man selbstgenügsam sein. Nun, auch das ist für Mütter nicht allzu schwierig zu erreichen. Wer tagelang aus Erschöpfung und Zeitmangel den gleichen Jogginganzug trägt, statt wie früher jeden Tag ein frisch gereinigtes Businesskostüm oder ein nettes Seidenkleidchen, und wer sein ganzes Geld jahrelang für die Mathe-Nachhilfe seines Kindes ausgibt, weiß, was Selbstgenügsamkeit ist. Da sind die meisten Mütter, die ich kenne, ziemliche Weltmeister drin. Denn sobald so ein kleines schreiendes Bündel energisch brüllend seine Bedürfnisse in die Welt schreit, sind die Bedürfnisse der Mutter abgemeldet. Ab jetzt haben die Bedürfnisse des Kindes Priorität – egal ob man will oder nicht. Die Zeiten, in denen man sich nur um sich selbst kümmern musste, sind mit dem ersten Kind eindeutig vorbei. Also ist Kinderkriegen Selbstgenügsamkeit pur.

Viertens braucht es, um wahre stoische Ruhe zu erreichen, die Unerschütterlichkeit. Auweia. Ich glaube, damit ist es bei mir nicht weit her. Zum einen bin ich, seit ich Mutter bin, viel empfindlicher geworden, was mögliche Unglücke, Krankheiten oder Schicksalsschläge betrifft. Zum anderen gibt es weitaus mehr kleine Dinge, die mich tierisch aufregen und auf die Palme bringen. Leute, die Müll wegwerfen, Hunde im Sandkasten, Menschen, die unfreundlich sind, Miteltern, die alles besser wissen, die Liste von Dingen, die mich täglich aufregen, ist schier endlos.

Also alles in allem: Zwei von den vier Voraussetzungen, um stoische Ruhe zu erreichen, schaffe ich wie jede Mutter easy. Die anderen zwei stellen ziemlich große Herausforderungen für mich dar.
Nun muss ich ja auch nicht gleich ein stoischer Weiser werden. Ich kann einfach mal etwas Seneca lesen, wenn das nächste Mal der Tag oder mein Leben über mich hereinzubrechen droht.
Ah, da ist es ja schon: »Lernen wir mit unseren eigenen Gliedmaßen auszukommen und in Kleidung und Lebensweise uns nicht nach der neuesten Mode zu richten, sondern nach der

ehrbaren Sitte der Alten, lernen wir, die Enthaltsamkeit zu steigern, die Genusssucht in Schranken zu halten, die Ruhmbegierde zu mäßigen, den Jähzorn zu lindern, mit der Armut uns auf freundlichen Fuß zu stellen, die Genügsamkeit in Ehren zu halten, auch wenn sich so mancher bisher ihrer schämte, den natürlichen Bedürfnissen durch leicht zu beschaffende Mittel Befriedigung zu gewähren, ungezügelte Hoffnungen und die Sucht des Plänemachens für ferne Zukunft gleichsam in Fesseln zu halten und es dahin zu bringen, daß wir den Reichtum mehr von uns selbst als vom Glücke erwarten.« Gelassenheit hat bei Seneca etwas mit »loslassen« zu tun. Loslassen von falschen und zu vielen Erwartungen, loslassen von allem, was »zu viel« ist. Ich bin sicher, Seneca würde uns modernen Müttern sicher auch raten, unseren Perfektionismusanspruch über Bord zu werfen, der eben ganz oft dazu führt, dass wir keine Seelenruhe und keine Gelassenheit haben. Da darf man Seneca sicher einfach in unsere moderne Zeit hineindenken. Er hätte da wohl nichts dagegen.

Übrigens ging die Erziehung von Nero für Seneca am Ende nicht besonders gut aus. Sein Versuch, Nero Gelassenheit und wahrscheinlich noch ein paar andere Dinge beizubringen, war nicht von Erfolg gekrönt. Nero kam als Sechzehnjähriger im Herbst 54 nach Christus an die Macht, und Seneca wurde für einige Jahre sein Berater, bis er sich aus der Politik zurückzog. Am Ende wurde Seneca von Nero der Beteiligung an einer Attentatsverschwörung gegen ihn beschuldigt, und Nero befahl Seneca, sich selbst umzubringen. Diesem Befehl ist Seneca wohl in einer stoischen Weise nachgekommen. Womit man wieder sieht: Auch der beste Lehrer kann nicht immer das Beste aus einem Kind herausholen.

27.

MACHEN KINDER GLÜCKLICH?

● ○ ● ○ ● ○ ● ○

Ja!!!!!!!!!!!!!!!!!!!!!!!!!!!!!!!!!!!
Nein!!!!!!!!!!!!!!!!!!!!!!!!!!!!!!!!

Die Frage, ob Kinder glücklich machen, werden Eltern sicherlich täglich, stündlich, minütlich jeweils anders beantworten. Je nachdem, was gerade mit den Kids und den Eltern so los ist. Je nachdem, ob man gerade einen feuchten Rotze-Kuss auf die Wange bekommt samt der Erklärung »Du bist die beste Mama auf der ganzen Welt!« oder ob man gerade schon wieder um zwanzig Euro angehauen wird, nur noch peinlich ist oder ob man zum dritten Mal in dieser Woche den ausgekotzten Karottenbrei von der Tapete kratzen muss.

Das Glück mit Kindern ist wankelmütig. Wie überhaupt alles Glück auf dieser Welt, möchte ich mal behaupten. Und die Frage, ob Kinder glücklich machen, ist nicht unbedingt eine philosophische Frage. Wohl aber die Frage, was überhaupt einen Menschen glücklich macht.

Wenn man so will, waren die Philosophen die ersten Glücksforscher überhaupt. Die Frage nach dem Glück durchzieht die ganze Philosophiegeschichte. Wer schließlich will nicht glücklich sein oder ein glückliches, ein geglücktes Leben führen? Und wer, wenn nicht die Philosophen, könnte sich dazu Antworten überlegen?

Platon (428/427–348/347 v. Chr.) zum Beispiel zufolge hat die Seele drei Teile – die Vernunft, den Willen und das Begehren. Ein Mensch ist laut Platon dann glücklich, wenn alle drei Teile miteinander im Einklang sind.

Aristoteles (384–322 v. Chr.) hingegen legte den Schwerpunkt des Glücks an eine andere Stelle. Bei ihm war derjenige glücklich, der seine Tugenden und Tüchtigkeiten in die Gemeinschaft sinnvoll einbringen konnte – und noch dazu mit äußeren Gütern hinreichend ausgestattet war. Na ja, dagegen ist wohl nichts einzuwenden, und der Besitz von genügend äußeren Gütern ist ja auch ganz nett. Aber ist das alles, was man zum Glücklichwerden oder -sein braucht? Andere Denker sahen das wieder anders, wie überhaupt die Philosophie viele unterschiedliche Theorien und Ideen zum Thema Glück hervorgebracht hat.

Da war zum Beispiel Epikur (341–271/270 v. Chr.), der die Lust und die Schmerzfreiheit als glücklich machend beschrieben hat, wohingegen die Stoiker der Meinung waren, dass man frei von Affekten und gleichgültig gegenüber seinem Schicksal sein sollte, um zum Glück zu gelangen.

In der Philosophie der Moderne wiederum gibt es den Begriff des »Utilitarismus« – geprägt unter anderem von John Stuart Mill (1806–1873). Er lehnt sich an Epikur an, entwickelt die Idee aber noch weiter. Nach ihm ist es Aufgabe der Gesellschaft, »das maximale Glück für die maximale Anzahl von Personen zu erreichen«. Daher kommt im Übrigen auch das in der amerikanischen Verfassung verankerte »pursuit of happiness«, das »Streben nach Glück« als Grundrecht jedes Menschen.

Ist das nicht schön? Ist das Streben nach Glück nicht das, was uns alle – zumindest hier im Westen – antreibt? Ist es nicht geradezu zu einer Daueranforderung in unserem Leben geworden? Wie die ewige Karotte vor unserer Nase?

Manchmal habe ich das Gefühl, wir alle rennen so sehr dem Glück hinterher, dass wir es verpassen, wenn es direkt vor unserer Nase ist. Denn das Glück verkleidet sich manchmal und ist nicht immer gleich zu erkennen.

Durch die ganze Philosophiegeschichte ziehen sich in jedem Fall ganz verschiedene Auffassungen davon, was denn nun das Glück sei und wie es zu erreichen sein könnte.

Kant war im Übrigen verkürzt gesagt der Meinung, dass wir Menschen gar nicht auf der Welt sind, um glücklich zu sein, sondern um unsere Pflicht zu erfüllen.

Nun, das ist auch eine Auffassung.

Von Kindern und Glück ist dabei bei den meisten Philosophen übrigens nicht unbedingt die Rede. Ist ja auch kein Wunder, das waren ja in der Hauptsache alles Männer, und die waren, wie wir Mütter alle wissen, früher mit wirklich unglaublich viel wichtigeren Dingen beschäftigt, als Kinder großzuziehen ☺.

Das Glück beschäftigt mittlerweile nicht nur die Philosophen, sondern auch Soziologen, Psychologen und andere Wissenschaftler. Es gibt sogar so was wie eine regelrechte Glücksforschung und einiges an Studien zu diesem Thema.

Zum Beispiel gibt es den »World Happiness Report«. Den haben Wissenschaftler im Auftrag der UNO erstellt. Hieraus kann man ersehen, in welchem Land die glücklichsten Menschen wohnen. Ich muss jetzt nicht erwähnen, dass Deutschland – obwohl eines der reichsten und sichersten Länder dieser Erde – dabei nicht auf Platz eins steht. Die Deutschen haben das Glücklichsein einfach nicht so gepachtet, aber bei einem Pünktlichkeitsreport würden wir wahrscheinlich ganz vorn liegen. Und jedes Land und jede Mentalität hat eine eigene Vorstellung vom Glück.

Nun, egal, das alles beantwortet noch nicht so ganz die Frage, ob Kinder nun glücklich machen. Und diese Frage stellt man sich in Deutschland offensichtlich ziemlich häufig, wenn man in Zeitschriften schaut oder das Internet befragt.

Schließlich muss in unserer stets nach Glück strebenden Zeit das Glück ständig gesucht und gefunden werden. Und wenn man sich so etwas Großes wie ein Kind anschafft, wäre es doch ganz gut zu wissen, ob es das auch wirklich bringt.

Zurückgeben kann man die lieben Kleinen nämlich nicht. Für Kinder gibt es kein Rückgaberecht. Das hat der liebe Gott extra so gemacht, die Reklamationsabteilung im Himmel wäre sonst öfter mal restlos überfordert. Sollte man also als Mutter oder Vater plötzlich feststellen, dass das mit dem Glücklichsein und dem Kind doch nicht so läuft wie geplant, hat man die Arschkarte. Denn Kinder hat man lebenslänglich – ob man nun will oder nicht.

Machen Kinder nun glücklich?

Ich kann mich erinnern, dass ich manchmal mit Sophie, als sie noch ein Baby war, mitten in der Nacht mit ihr im Arm im schwach beleuchteten Schlafzimmer umhergewandert bin und ihr Schlaflieder vorgesungen habe, um sie nach dem Füttern und Wickeln wieder zum Einschlafen zu bringen. Und mir sind dabei die Arme fast abgefallen und Tränen über die Wangen gelaufen. Ich habe geweint – vor Glück.

Ich war zwar völlig übermüdet, aber dieses kleine Wesen in meinen Armen zu halten, auf ihre kleinen Geräusche und auf ihren Atem zu lauschen – ja, das war pures Glück für mich. Auch wenn ich todmüde war, habe ich mich gefühlt wie in einer wunderbaren Glückswolke.

Ich weiß aber auch, dass es Mütter gibt, denen es nicht so geht. Die in der gleichen Situation wirklich weinen, vor Verzweiflung, vor Erschöpfung, vor Wut. Und die deswegen keine schlechteren Mütter sind.

Nein, Kinder machen nicht immer glücklich und nicht unbedingt.

Aber wir leben in einer Gesellschaft, in der Kinder mit einem Glücksversprechen gekoppelt sind. Gerade weil wir Eltern uns das mit den Kindern durch die moderne Empfängnisverhütung sehr gut überlegen können.

Man muss sich nur mal die Werbung anschauen. Überall adrette, entspannte Mütter, die alles mit links wuppen und dabei von fröhlichen Kindern dauer-angestrahlt werden. Ein Leben im Bullerbü-Land. Ist das nicht schön? Ist das nicht Glück pur? Ich hatte solche Bilder auch im Kopf, als ich schwanger wurde.

Aber man muss nicht selbst Mutter oder Vater sein, um zu wissen, dass die Realität anders ist. Zumindest oft.

Man muss sich eigentlich nur an die eigene Kindheit erinnern. Also, meine Mutter lief nicht neben mir her mit einem Dauergrinsen im Gesicht.

Familie kann wunderbar sein. Familie kann die Hölle sein. So ist das Leben. Eben.

Und noch früher – vor der Erfindung der modernen und einigermaßen zuverlässig funktionierenden Empfängnisverhütung – war das alles noch ganz anders. Da sind Kinder öfter »passiert«, als es manchen wohl lieb war. Und ob Frauen, die in früheren Zeiten Jahr für Jahr ein Kind nach dem anderen bekamen, das als großes Glück empfanden, möchte ich bezweifeln. Wenn ich jetzt zwölf Kinder wie Orgelpfeifen an meinem Rockzipfel hängen hätte – auweia! Und zwölf Schwangerschaften und Geburten! Die muss man erst mal überleben. Was früher auch nicht selbstverständlich war. Millionen von Frauen sind an den Folgen von Schwangerschaft und Geburt gestorben. Kinderkriegen war ein Hochrisikogeschäft. Und ist es in manchen Ländern immer noch.

Ich bin sicher, dass ich als Mutter von zwölf Kindern mehr gestresst als glücklich wäre. Vor allem, wenn ich als Frau gar nicht die Wahlmöglichkeit hätte – Kind oder nicht. Das gehört meiner Meinung nach nämlich durchaus zum Glücklichsein dazu: dass man die Freiheit hat, selbst zu entscheiden, ob und wie viele Kinder man haben will.

Heute kriegen wir weniger Kinder und erwarten mehr von ihnen. Nicht nur gute Schulnoten und reibungsloses Funktionieren. Was beides im Übrigen nicht der Normalfall ist, sondern völlige Illusion. Wir erwarten auch, dass Kinder uns glücklich machen. Dass sie unser Leben – nun ja, wie soll ich das sagen? – irgendwie erfüllter machen.

Gehört das nicht zum Bild der modernen Frau: Gebildet soll sie sein, attraktiv, sportlich, einen tollen Job haben, einen liebevollen Ehemann und mindestens eins oder besser noch zwei Kinder? Ist das nicht das Idealbild, das die meisten von uns irgendwie in ihrem Kopf haben?

Und überfrachten wir mit dieser Erwartung nicht die Kinder? Und uns selbst? Viele Mütter mit postpartaler Depression schämen sich ohne Diagnose monatelang, weil ihr Kind nicht die Gefühle in ihnen auslöst, die es doch auslösen sollte. Und jede Mutter, die schon mal nach stundenlangem Brüllen ihres Kleinkinds für eine Sekunde gedacht hat: »Gleich dreh ich ihm/ihr die Gurgel um«, ist über sich selbst und so ein Gefühl zu Tode erschrocken.

An der postpartalen Depression sehen wir schon, dass das mit dem Glück und den Kindern eine zweischneidige Sache ist. Apropos zweischneidig: Wissenschaftler haben etwas herausgefunden – das sogenannte »Paradox der Elternschaft«. Studien der empirischen Glücksforschung belegen immer wieder, dass Eltern von ihrem Glücks- und Zufriedenheitsgefühl her emotional schlechter dastehen als Nichteltern. Von den Kosten für ein Kind ganz zu schweigen. Und das, obwohl Eltern die meiste Zeit trotz allem beteuern, wie glücklich sie mit ihrem Nachwuchs doch sind. Hier kommt jetzt laut einer Studie der Psychologen Richard Eibach und Steven Mock von der kanadischen University of Waterloo das Eltern-Paradox zum Tragen. Und das geht folgendermaßen: Kinder sind super anstrengend und kosten einem das letzte Hemd und den letzten Nerv. Also müssen wir Eltern, nachdem wir die lieben Kleinen in unser Leben gelassen haben und wir sie – wie schon erwähnt – ja nicht einfach zurückgeben können, uns mit dieser Situation irgendwie arrangieren und uns gewissermaßen einreden: Ja, doch, die machen einen unheimlich glücklich. Was so viel kostet – emotional und finanziell –, das kann nur wunderbar sein.

Das führt dann natürlich auch dazu, dass alle, die noch keine Kinder haben, denken: »Oh, wie wundervoll. Wenn das so ist, will ich unbedingt auch so einen süßen Wonneproppen haben. Dann bin ich endlich auch so glücklich!« Und schwups, sind die Nächsten schwanger. Und wir Alt-Eltern lachen uns heimlich ins Fäustchen.

Also, man muss sich daher wohl doch keine Sorgen um das Aussterben unserer Art machen.

Es gibt übrigens nicht nur ein Eltern-Paradox, sondern laut den Philosophen auch ein »Glücks-Paradox«. Das bedeutet die Schwierigkeit, das Glück zu erreichen, wenn man explizit danach strebt. Je mehr wir versuchen, glücklich zu werden, desto mehr übersehen wir das Glück oder schießen quasi am Glück vorbei. Denn Glück – und das wissen alle Eltern – kann etwas ganz Kleines am Wegesrand sein. Ein Schmetterling hat sich einmal auf Sophies Hand gesetzt und ist dort minutenlang still geblieben und hat sich betrachten lassen. Der ganze Tag war danach verzaubert.

Diese Auffassung des Glücks-Paradoxes widerspricht natürlich dem Utilitarismus oder bringt diesen zumindest in Schwierigkeiten.

Aber wie verhält sich die Sache denn nun? Machen Kinder glücklich oder nicht? Nun, ich glaube, das kann ich so allgemein nicht beantworten.

Aber wenn mich jemand fragen würde, ob Sophie mich glücklich macht: Für mich würde es aus ganzem Herzen nur eine einzige Antwort geben: Ja!!

Aber fragen Sie mich das bitte nicht direkt nach einer Nacht, in der Sophie gerade eine Magen-Darm-Grippe hatte, ich selbst zweimal vollgekotzt wurde, dreimal die komplette Bettwäsche wechseln musste und mein nächster superwichtiger Jobtermin morgens um 8.30 Uhr ist.

28.

MIT DER PHILOSOPHIE
ZU TRAUMSCHUHEN

● ○ ● ○ ● ○ ● ○ ●

Haben Sie heute schon von einer Schokocremetorte genascht? Eine Zigarette geraucht oder ein Glas Sekt getrunken? Haben Sie vielleicht mit den Kindern einfach albern die Zeit verbummelt? Oder haben Sie sich gar – völlig unvernünftig – Ihr Paar Traumschuhe gekauft? Dann kann ich Ihnen dazu mit dem Philosophen Robert Pfaller nur herzlich gratulieren!

Der Österreicher Pfaller sagt nämlich, wir mäßigen uns maßlos. Früher stellten die Schwiegermutter oder der Pfarrer Gebote und Verbote auf wie »Putz die Küche sauber« oder »Faste am Freitag«. Die Dorfgemeinschaft oder das Stadtbürgertum forderten von uns Mäßigung, denn »Müßiggang ist aller Laster Anfang«. Tatsächlich wurde im 19. Jahrhundert »Müßiggang« bei einfachen Leuten bestraft, der Genuss oder einfach in den Tag hineinzuleben war nur den oberen Ständen erlaubt. Ganz zu schweigen davon, dass Schokocremetorten oder Sekt ohnehin für die Mehrheit der Bevölkerung unerschwinglich waren.

Nach zwei Weltkriegen wurden wir im zwanzigsten Jahrhundert reich. Schokolade, Sekt und Zigaretten waren plötzlich jeden Tag verfügbar, ein zweites Paar Schuhe wurde auch bei geringem Budget erschwinglich, und eine Schwiegermutter geht es normalerweise nichts mehr an, in welchem Zustand sich unsere Wohnung befindet, da wir nicht mehr unter einem Dach mit ihr leben.

Und nun? Wir befehlen uns selbst: Häng nicht so faul herum! Nasch nicht so viel! Putz die Küche! Rauche nicht! Bewege dich mehr! Konsumiere nicht andauernd! Lies mehr Bücher zu gesunder Ernährung! Optimiere die Erziehung! Sei vernünftig, sei vernünftig, sei vernünftig, rufen wir uns andauernd selbst zu – und vergessen darüber, dass gerade die Unvernunft das Leben und das Menschsein ausmacht, denn, so Pfaller: »Wer nur vernünftig ist, funktioniert wie eine Maschine. Das ist nicht lebenswert. Wir arbeiten dann ständig dafür, unser Leben zu finanzieren und zu verlängern. Aber wir fragen uns nicht, wofür wir überhaupt am Leben sind. Erst wenn wir unvernünftige Dinge tun, tanzen, trinken oder uns verlieben, haben wir das Gefühl, dass es sich zu leben lohnt.«

Vielleicht denken Sie jetzt: Der Herr Philosoph hat gut reden. Wir Mütter *müssen* doch geradezu vernünftig sein, die Kinder zu den Hausaufgaben ermahnen und vom Schokoladenschrank fernhalten. Wir Mütter haben doch nun wirklich keine Zeit, stundenlang in der Stadt nach Traumschuhen zu suchen. Und vor allem haben wir als Familie meist auch viel weniger Geld als die Kinderlosen, um es uns so richtig gutgehen zu lassen und im Viersternehotel Wellness zu buchen.

Aber nein, der Herr Philosoph hat es in Wirklichkeit schwerer als wir. Denn wir haben ein Vorbild an Unvernunft jeden

Tag bei uns und können von ihnen lernen: unsere Kinder. Sie zeigen uns sofort, wie man den Augenblick und das Leben genießen kann und sich nicht ständig zur Disziplin ermahnt. Oder haben Sie ein Kind, das erst aufräumen, Zähne putzen und sich dann erst beim Spiel vergnügen will?

Nehmen Sie sich bisweilen ein Beispiel an Ihren Kindern und betrachten Sie genießerische Minuten als wertvollstes Gut. Falls Sie ganz aus der Übung sind: Legen Sie sich zu den Kindern auf den Boden und schauen Sie ihnen einfach nur zu, es wird Sie anstecken. Fortgeschrittene Genießerinnen geben sich dann Zeit zum lustvollen Feiern mit anderen oder zum Chillen mit Sekt in der Badewanne. Setzen Sie auf Ihre innere To-do-Liste: Genieße eine Stunde!

Es geht nicht darum, dass Sie nach der wohlverdienten Auszeit im Alltag wieder besser funktionieren (das mag dazukommen, ist aber nachrangig). Unser menschliches Leben wird gerade durch die Unvernunft erst schön und wertvoll. Oder welchen vernünftigen Sinn ergibt es, Musik zu hören, und warum kann sie uns doch so erfüllen? Warum erinnern wir uns noch nach Jahren an einen wunderbaren Partyabend, aber nicht mehr an den Kontoauszug jenes Monats? Warum würden wir lieber auf der Stelle noch ein Kilo zunehmen, als die Erinnerung an das Wellenrauschen eines Urlaubtages im Süden mit friedlichen Kindern nicht mehr zu hören?

Kinderkriegen an sich ist eigentlich das Beispiel schlechthin für »Unvernunft« – wir schlafen nicht mehr, verdienen viel weniger, haben keine Freizeit mehr, krachen uns deshalb mit dem Partner und so weiter und so fort. Rein vernünftig gesehen ist Kinderkriegen völlig wahnsinnig – und trotzdem würden wir um nichts auf der Welt darauf verzichten, unsere

Kleinen auf die Welt gebracht zu haben. »Die Natur« alleine erklärt bei weitem nicht, warum wir es tun. Ja, wir leben in ihnen biologisch weiter, aber warum geben wir sie dann nicht in Erziehungsanstalten und sparen uns diese immense tägliche Mühe?

Der Mensch ist weit mehr als Instinkt und Vernunft. Er ist ein soziales und kulturelles Wesen, das lachen, tanzen und sich vergnügen will – und sogar sollte. Robert Pfaller meint, das sei uns in einer reichen Gesellschaft abhandengekommen: »Wenn sich unterdrückte Menschen zu Revolutionen erheben, geht es ihnen niemals nur um den Kampf gegen Hunger oder Armut, sondern immer auch um Glück und Würde. Diese Revolutionäre fordern ein Leben, für das es sich zu leben lohnt. Diese Forderung ist in den reichsten Gesellschaften der Welt abhandengekommen.«
Und dabei schwebt der Herr Philosoph nicht bloß in seinem denkerischen Elfenbeintürmchen, nein, er gibt uns auch noch ausdrücklich einen »Freibrief« für einen Einkauf der Traumschuhe in der Stadt, wirklich! »In jedem Begehren, das wir haben, steckt auch das Begehren der anderen. Jede Mode, die uns gefällt, gefällt uns, weil sie anderen gefällt – und weil wir hoffen, anderen darin zu gefallen. Wenn wir das für Fremdbestimmung halten und ablehnen, dann rebellieren wir aber nicht gegen einschränkende Normen, sondern gegen unsere Geselligkeit. Gegen gesellschaftliche Ideale, die uns helfen, keine miesen Spaßverderber zu sein. Gesellschaftliche Ideale, die für unser Glück notwendig sind.«

Falls Sie jetzt das dringende Bedürfnis verspüren, sofort dieses Buch zur Seite zu legen und sich die Schuhe in der Stadt zu holen, obwohl Sie Pfallers Begründung nicht ganz verstanden haben – gehen Sie sofort los! Mode und Genuss gehen vor Denken! Überlassen Sie das weitere Grübeln darüber Kinderlosen und sagen Sie Ihrem Mann einfach, der plötzliche Aufbruch zum Einkauf hätte philosophische Gründe. Er wird Sie mit großen Augen ansehen und ein wenig an Ihrer Vernunft zweifeln – ergänzen Sie Ihre Aussage deshalb noch mit: »Google mal ›Robert Pfaller‹, das ist ein österreichischer Philosoph. Unheimlich interessant, was der meint. Wie wichtig der Genuss und die Mode ist.« Ihr Mann wird so verblüfft sein, dass er ganz vergisst, Sie aufzuhalten, obwohl er dann mit zwei Kindern alleine zurechtkommen muss. Zum Googeln wird er wegen der Kinder auch nicht kommen. Und falls er zur Sorte »Ich geh vor den Rechner, Kinder sollen machen, was sie wollen« gehört, wird er sich nach einem ersten Schlaumachen über Pfaller doch auf einer anderen Seite im WWW verlieren und Sie trotzdem nach der Heimkehr mit den Traumschuhen für Ihre »Philosophie« bewundern. Da sage einer noch mal, der Disziplin fehle jeglicher praktische Nutzen!

29.

MUTTER VOR GERECHTIGKEIT

● ○ ● ○ ● ○ ● ○ ●

Heute habe ich einmal aufgepasst (weil ich ja darüber schreiben wollte): Insgesamt fünfmal habe ich an diesem Tag den Begriff »absurd« verwendet.

Lukas hat eine Zwei in Latein, obwohl er keinen Strich für die Schulaufgabe gelernt hat. »Das ist absurd!«, lache ich.

Eva erzählt von einer Freundin, die zum Geburtstag ein Laptop im Wert von 1500 Euro bekommt. »Das ist doch völlig übertrieben, die haben sie doch nicht mehr alle, das ist absurd!«, kommentiere ich.

Alex überlegt laut, ob wir nicht in den Pfingstferien nach Mauritius fliegen. »Das ist absurd bei unserem Kontostand!«, entgegne ich.

Bei der Tagesschau kommt mir gleich zweimal nacheinander »absurd« über die Lippen – Politiker mit »phantastischen Ideen« geben da ungehindert ihren Senf zum Besten.

Das Wort, das wir alle längst umgangssprachlich häufig verwenden, prägte Albert Camus (1913–1960) für den Menschen und die Lage des Menschen. Das Leben des Menschen spiele sich in einem gleichgültigen Universum ab, völlig ohne Sinn –

aber zugleich fordere jeder für sich einen Sinn im Leben ein. Laut Camus lässt sich diese Forderung aber niemals erfüllen, und deshalb ist das Leben absurd. Und wer möchte eigentlich noch leben, wenn er die Sinnlosigkeit zur Gänze erfasst hat? Camus kommt so zu den berühmten ersten Sätzen in *Der Mythos des Sisyphos:* »Es gibt nur ein wirklich ernstes philosophisches Problem: den Selbstmord. Die Entscheidung, ob das Leben sich lohne oder nicht, beantwortet die Grundfrage der Philosophie.« Das heißt nun nicht, dass Camus zur Selbstzerstörung aufrief – im Gegenteil, der Philosoph galt als äußerst charmanter und sympathischer Mensch, bisweilen wurde er »Heiliger ohne Gott« genannt. Camus fordert uns zu einem Leben auf, das sich der kosmischen Sinnlosigkeit verweigert, auch wenn es absurd ist.

Sie denken jetzt vielleicht: Aber als Mutter gebe ich mein Leben weiter, meine Kinder sind mein Sinn im Leben. Das mag zutreffen – aber was, wenn Ihre Kinder einmal keine Kinder haben werden? Wenn Sie dadurch nicht mehr weiterleben? Oder wenn morgen die Erde untergeht? Was hat unser Leben dann für einen Sinn? Camus fordert uns auf, dagegen zu revoltieren – indem wir unserem Leben einen eigenen Sinn geben.

Für diese Gedankengänge wurde Camus berühmt – er bekam den Nobelpreis für Literatur. Denn nicht nur in den philosophischen Schriften, sondern auch in Romanen beschrieb er diese »existenzielle Lage« des Menschen.

Weniger bekannt von Camus ist seine Aussage: »Ich glaube an die Gerechtigkeit. Aber noch vor der Gerechtigkeit werde ich meine Mutter verteidigen.« Damit hat der Philosoph – um ganz ehrlich zu sein – mein Herz erobert. Jede Ideologie, jeder Glaube und jeder Kampf hat gegenüber der Familie zurückzustehen. Im Zweifel würde ich immer zuerst meine Kinder verteidigen. Oder meinen Mann oder sogar meine Mutter, wenn sie schon wieder einmal wegen einer Kartenrunde anruft. Kein politischer Kampf (Camus sagte das in Hinblick auf den Algerienkrieg) kommt vor der eigenen Familie. Danke, Albert Camus – damit habe ich meinen ganz persönlichen Sinn im absurden Leben gefunden.

30.

PAPA STAAT

● ○ ● ○ ● ○ ● ○ ●

Ich will mal Politiker werden!«, sagt Lukas eines Tages unvermittelt beim Frühstück am Samstag.

Alex und ich starren unseren Sohn entsetzt an.

»Wie kommst du um Himmels willen darauf?«, fragt Alex.

»Sind Politiker so was wie Zuhälter?«, will Eva wissen.

»EVA! Woher um Himmels willen kennst du Zuhälter?«, rufe ich.

»Hab ich ihr mal erklärt«, bemerkt Lukas beiläufig stolz.

Alex und ich blicken immer noch drein, als hätte unser Sohn uns gerade eröffnet, dass er die Schule schmeißt und selbst Zuhälter wird.

»Was habt ihr eigentlich immer gegen Politiker?«, fragt Lukas. »Ständig schimpft ihr über sie!«

»Mich interessiert jetzt mehr, wie du auf diese Idee kommst?«, erwidere ich.

»Ich kann gut reden«, führt Lukas aus, »und ich würde gerne Gesetze machen.«

»So einfach ist das alles nicht. Ich erklär dir mal was.« Wenn Alex diesen Oberlehrererklärton anschlägt, krieg ich die Krise. Mein Mann mutiert dabei von einem herzlichen Partner

147

und Vater zu einem dozierenden Studienrat – und das meist nicht unter einer Stunde Redezeit, in der dann kein anderer mehr zu Wort kommt.

Ich versuche, das Schlimmste abzuwenden, und schlage vor, den Berufswunsch einfach noch einmal zu überdenken.

»Aber das Thema Politiker ist trotzdem interessant!« So leicht lässt sich Alex im Oberlehrererklärtonrausch nicht bremsen.

»Also«, beginnt er, »es ist ja so, dass …«

»Später, Papa!« Lukas springt auf. »Ich muss zu Johannes, unsere Projektarbeit Demokratie weitermachen.« Und weg ist er.

Ah, denke ich, daher kommt also der plötzliche Berufswunsch. Zu was Lehrer und die Schule Kinder doch alles bringen können.

»Und was ist das jetzt, ein Politiker?«, hakt Eva nach.

Musste sie diese Frage stellen? Weiß sie nicht, wie lange in diesem Fall Erklärungen ihres Vaters dauern? Aber Eva blickt drein, als wäre sie schon jetzt schwer beeindruckt von den Ausführungen ihres Vaters.

Das Telefon klingelt, und meine Mutter rettet mich mit einer Frage zur Kartenspielrunde, wobei ich mich nach zehn Minuten Telefonat frage, ob ich mich nicht lieber zu den ausufernden Erklärungen von Alex retten soll.

Zwei Stunden später hat Alex Eva endlich fertig erklärt, was es mit Politik auf sich hat und warum man im Grunde – wenn überhaupt – nur *eine* Partei wählen kann. Ich habe währenddessen nicht nur mit meiner Mutter gesprochen, sondern auch Wäsche gewaschen, das Bad geputzt, eine Einkaufsliste erstellt, zerbröselte Salzstangen aus einem Schulranzen ent-

fernt und mich gefragt, warum der Berufswunsch »Politiker«
in unseren Ohren fast so schlimm klingt, wie wenn ich seiner-
zeit zu meinen Eltern gesagt hätte: »Ich werde Striptease-
Tänzerin in Saudi-Arabien.«

Politik interessierte mich die meiste Zeit in meinem Leben
nicht die Bohne. Ich füllte lieber noch die Steuererklärung als
einen Stimmzettel aus. Welche Farbe gerade das Gesetzbuch
umschrieb, war mir herzlich egal, und ich sagte oft: »Ich bin
ein völlig unpolitischer Mensch.«
Laut Aristoteles (384–322 v. Chr.) dürfte ich damit gar nicht
existieren, denn: »Der Mensch ist von Natur aus auch ein politischer Mensch.« Der griechische Denker meinte: Der Ein-
zelne kann nicht in Isolation glücklich werden oder sich selbst
verwirklichen. Nur in der Gesellschaft, und damit auch in
einem lebendigen Staat, könne ein erfülltes Leben gelingen.
Der Staat seinerseits hat die Aufgabe, ein glückliches Leben
des Einzelnen zu ermöglichen.

Politik – so habe ich erst spät verstanden – heißt mehr als Debatten im Bundestag. Wir haben tagtäglich mit ihr zu tun –
wenn wir keinen Kindergartenplatz bekommen, hat vielleicht
eine Partei Mist gebaut. Wenn die Steuernachzahlung einen
Urlaub ins Wasser fallen lässt, hat die Regierung vielleicht in
der Steuergesetzgebung etwas verbockt. Wenn Eva einmal
wieder über den völlig unsinnigen Musikstoff stöhnt, hat ein
Kultusminister vielleicht ziemlich unfähige Beamte an den
Lehrplan gesetzt. Und wenn heute Vergewaltigung in der Ehe
unter Strafe steht, so haben ein paar Politiker dies im 20. Jahrhundert zu einem Gesetz gemacht.

Politik wird nicht abstrakt von »denen da oben« gemacht, wie meine Oma zu sagen pflegte, sondern philosophisch gesehen sind wir alle Teil des politischen Gemeinwesens, auch wenn wir nicht zum Wählen gehen oder nicht das Glück haben, in einer Demokratie zu leben. Mit unseren Meinungen, bevorzugten gesellschaftspolitischen Einstellungen und Handlungen (etwa wenn wir massenweise einen Park besuchen und sich die Kommunalpolitiker es sich deshalb noch mal überlegen werden, ob sie ihn schließen) nehmen wir auch als scheinbar unpolitische Menschen an der Politik teil.

Aber woher kommt eigentlich dieses schlechte Image, das Politiker mittlerweile bei uns haben? Dummerweise stelle ich diese Frage laut, und Alex antwortet: »Weil die alle nur noch Karriere machen wollen, nix anderes können und nicht mehr ans Gemeinwohl denken!«
Punkt. Nicht mehr. Er redet nicht weiter. Er hat es kurz und prägnant – für seine Verhältnisse – auf den Punkt gebracht. Aber gut, ich bin auch seine Frau und nicht sein Kind, das er belehren müsste.
Das fällt meinem Mann bei Abendessen offenbar auch gerade wieder ein. »Hör mal«, sagt er zu Lukas, »da wurden wir heute morgen unterbrochen, ich wollte dir noch was zur Politik erklären.«
»Nicht nötig, Papa!«, entgegnet Lukas. »Ist kein Thema mehr, die Projektarbeit Demokratie ist durch. Das mach ich auch nicht mehr wieder mit Johannes. Der ist ja fast so behindert wie ein Politiker. So was will ich nie werden!«
Ich lächle und räume völlig unpolitisch die Spülmaschine ein.

31.

PASS GUT AUF DICH AUF!

● ○ ● ○ ● ○ ● ○ ●

Manchmal wundere ich mich darüber, welche Ratschläge unsere Kinder *annehmen* und nicht sofort verwerfen bzw. welche sie überhaupt nicht mehr zur Kenntnis nehmen, wie solche: »Pass auf dich auf!«, oder: »Zieh dich warm genug an!«, oder: »Gib im Unterricht acht, dann musst du daheim viel weniger lernen!« Alex und ich haben diese Sätze gefühltermaßen zehnmillionenmal schon gesagt und sagen sie immer wieder und immer wider besseres Wissen. Es sind Sätze ohne jegliche Wirkung. Und eigentlich wundere ich mich auch nicht darüber – haben meine Eltern nicht auch andauernd so ein Blabla von sich gelassen? Ging das nicht zu einem Ohr rein und zum anderen wieder raus? Mich wundert eher, dass Alex und ich da offenbar nicht lernfähig sind und trotzdem immer wieder das Gleiche sagen.

Noch mehr wundert mich aber, wenn Lukas oder Eva sagen: »Gute Idee, Mama!«

Das sagte Eva nach dem Krach mit der besten Freundin, als ich ihr riet, sich mit ihr offen auszusprechen, aber nicht bittend, sondern einfach zur Klärung.

Und das sagte Lukas, als ich ihm empfahl, das scheußliche

Lateinlernen in kleine Portionen zu zerlegen und jeden Tag ein Stück davon abzuarbeiten.

Es sagte übrigens neulich auch meine Mutter, als mir der Kragen platzte wegen ihrer ständigen telefonischen Ratgeberanfragen zur Kartenrunde: »Dann scher dich doch einfach nicht mehr um das Gerede! Was geht die anderen an, was du machst?«

Warum nehmen wir bestimmte Ratschläge an und lehnen andere ab? Vernünftig sind sowohl die einen (»Zieh dich warm an!«) als auch die anderen (»Rede offen mit ihr!«). Und an der steten Wiederholung kann eine Ablehnung auch nicht alleine liegen – das Portionieren der Lerneinheiten hatte ich Lukas sicherlich auch schon zuvor hunderttausendmal geraten.

Nach Epiktet, einem antiken Stoiker, filtern wir Gehörtes bewusst oder unbewusst danach, ob es uns wirklich etwas angeht oder nicht. »Ich prüfe Vorstellungen, Ratschläge, Gebote und Verbote auf ihren Inhalt, und wenn ich zu dem Ergebnis komme, dass sie mein Inneres nicht berühren, dann sage ich ›Ihr seid nur Vorstellungen und geht mich nichts an‹. Dann gewinnen sie keine Macht über mich.«

Meine Kinder liegen also völlig richtig, wenn sie Ratschläge auch mal ausschlagen oder auf Durchzug schalten. So reifen sie zu mündigen Menschen heran, die nicht nur mit ihrem Verstand kritisch hinterfragen, sondern auch mit ihrem Gefühl nicht alles hinnehmen.

Und trotzdem werde ich nicht aufhören, beim Verabschieden zu ihnen zu sagen: »Passt gut auf euch auf!«

32.

MEIN PHILOSOPHISCHER KLEIDERSCHRANK

● ○ ● ○ ● ○ ● ○ ●

Neulich wollte ich abends zu einer Preisverleihung gehen. Ich schaue in meinen Kleiderschrank und finde – selbstverständlich – nichts. Alex kommt ins Schlafzimmer, und der übliche Familienzirkus vor einem Ausgehabend beginnt.

»Musst du immer abends ausgehen?«, fragt Alex.

Ich war zuletzt vor über einem Monat mit meiner Freundin Karin abends beim Italiener. Können Sie mir die philosophische Frage beantworten, ob der Abstand »ein Monat« das Gleiche wie »immer« ist?

»MAAAAAAAMA!« Ein Schrei aus dem Badezimmer von Eva. Ist sie auf den Fliesen ausgerutscht? Ist etwas passiert? Ich eile zu ihr. Sie schluchzt, sieht aber unverletzt aus. »Lukas hat meinen Lippenstift ins Klo geworfen!«

»Seit wann hast du einen Lippenstift? Das haben wir so nicht abgesprochen! Dafür bist du noch zu jung!«, sage ich.

»Geht dich gar nichts an!«, antwortet Eva patzig.

»Übrigens, Mama, morgen schreiben wir die angekündigte Mathe-Ex!«, höre ich Lukas aus seinem Zimmer rufen.

»Morgen? Das kann doch nicht wahr sein! Wieso fällt dir das jetzt erst ein? Ich muss gleich weg!« Ich eile zu Lukas. »Das geht jetzt aber gar nicht, ich kann dir in Mathe nicht mehr einfach so mal schnell helfen.«

Lukas antwortet nichts. Aber der Blick ist schlimmer als jedes Wort. »Du lässt dein Kind im Stich!«, raunt mir eine innere Stimme zu. »Bloß weil du heute auf eine Preisverleihung gehen musst! Immer bist du abends weg!«

Lukas zuckt mit den Schultern, schweigt weiter, aber Alex ist vom Schlafzimmer in Lukas' Zimmer gewandert. Ich spüre seinen Atem hinter mir. »Lukas hat morgen eine Mathe-Ex. Und du gehst zu dieser Preisverleihung.«

Ich behaupte von mir, meinen Mann zu lieben. Aber in solchen Momenten frage ich mich, warum nicht mehr liebende Frauen zu Mörderinnen werden. Wenn Alex in diesem Tonfall sagt: »Lukas hat morgen eine Mathe-Ex. Und du gehst zu dieser Preisverleihung«, dann heißt das nichts anderes, als dass ich die größte Rabenmutter aller Zeiten im ganzen Universum bin.

»Wenn du fertig damit bist, mir Schuldgefühle zu machen, dann könntest du vielleicht einfach einmal ganz konkret mit überlegen, was zu tun ist!«, höre ich mich sagen, über mich selbst hinauswachsend. »Du nörgelst immer bloß miesepetrig rum, statt mal konstruktiv zu sein.«

»Hast du nicht mal gesagt, ›immer‹ sei ein ganz fieses, blödes Wort?«, erwidert Alex und grinst. Schlacht gewonnen. Die Punkte gehen an ihn. Ich muss lächeln. Ich liebe diesen »Immer-musst-du-Menschen« einfach.

»Kannst du also Mathe mit Lukas machen?«, frage ich.

»Ich versuch es, aber der Stoff ist mittlerweile so kompliziert … du weißt es ja.«

»Ich versteh das alles auch schon lange nicht mehr wirklich, weißt du ja auch.«

»Das Schulsystem ist einfach ein Irrsinn!«

»Klar!«

»Könnt ihr vielleicht woanders euer immer gleiches Blabla von euch geben, ich brauch jetzt einfach nur kurz Hilfe!«, fordert Lukas.

»Logisch!«, antwortet Alex.

Eva kommt ins Zimmer gestürmt und gibt zur Überraschung aller – außer mir – ihrem Bruder eine Kopfnuss.

»Eva!«, ermahnt sie Alex scharf. »Geht's noch?! Wie kommst du dazu …«

»Geht dich gar nichts an!«, erwidert Eva – und weg ist sie, ebenso wie ich, die ich beschließe, diese Konflikte nun ganz alleine meinem Mann und meinen Kindern zu überlassen. Ich bin ja schließlich keine Glucke, die sich ständig in alles einmischt, nein, ich bin überhaupt das Gegenteil einer Glucke – ich freue mich tierisch und unendlich, wenn ich endlich mal wieder Zeit dazu habe, mir den Luxus einer sorgfältigen Garderobenwahl zu gestatten.

Ich stehe wieder vor dem Kleiderschrank und finde – selbstverständlich – nichts Passendes. Vielleicht sollte ich »versehentlich« den ganzen Inhalt des Schranks in eine Kleiderspende packen und dann sagen, ich hätte einfach die Säcke verwechselt? Was für eine perfekte Strategie, um sich mal eine »Rundumerneuerung« zu gönnen. Ha, was für eine Idee! Nur zu toppen von der nachfolgenden: Ich könnte meiner Familie erklären, dass bei uns ein Einbrecher gewesen sein muss, denn mein ganzer Kleiderschrank sei leer. Völlig leer. Und warum der Dieb nur meine Klamotten mitgenommen hat und sonst nichts? Nun, das spricht eindeutig und ausschließlich für meinen unerhört guten Geschmack!

Ich stehe also am Abend der Preisverleihung vor meinem Kleiderschrank und spinne so unnützes Zeug vor mich hin, während ich aus Lukas' Zimmer Vater und Sohn mit verzweifelten Stimmen Mathefragen erörtern höre. *Ich* gestatte mir also Kleiderfragen, während Mann sich um die Zukunft des Kindes kümmert und – fast noch schlimmer – ich Eva in ihrem Kummer alleine lasse, bloß weil ich nichts anderes zu tun habe, als mich an diesem Abend um mein Outfit zu kümmern. Was bin ich eigentlich für eine Mutter? Hat so eine Kreatur wie ich eigentlich den Begriff »Mutter« verdient? Denkt doch bloß an sich und ans Anziehen und lässt die Familie einfach den Bach runtergehen! »Charaktersau!«, sage ich unbewusst halblaut zu mir. Gott sei Dank hat das keiner hören können.

»Bist du nicht!«, höre ich da plötzlich eine Stimme raunen, die weder nach Alex noch nach Lukas klingt und schon gar nicht nach der Mädchenstimme von Eva. Da spricht doch nicht etwa mein Schrank zu mir? Es war ein tiefer Bass, übrigens sehr erotisch – aber bitte nicht weitersagen, nicht dass mein Mann das noch hört!

Ich muss mich verhört haben. Ich suche weiter nach einem Kostüm, einer schwarzen Jeans oder einfach einer Jacke, die eine Jeans edel wirken lassen könnte.

Nichts.

Nichts.

Einfach nichts.

Das Sein ist ganz eindeutig das Dasein der weiblichen Existenz und das Nichts ganz eindeutig das Nichts im Kleiderschrank. Soll mir niemand auf der Welt etwas anderes erzählen, ich werde es nicht glauben. Alle Probleme der Philoso-

phie und meiner Familie sind mir egal, wenn ich so vor einem
Ausgehabend vor meinem Kleiderschrank stehe.

»Jetzt hast du das Wesen der Philosophie erfasst!«, höre ich
die dunkle Stimme mir zuraunen. Wie bitte? Spinne ich jetzt
komplett, schreibe ich zu viel über Philosophie und gehe viel
zu viel aus, geradezu immer? Hatte meine Oma nicht recht,
dass zu viel Denken den Weibern einfach schade?

Ich muss dem Ganzen sofort einen Riegel vorschieben, denke
ich und greife zum nächstbesten Rock, grau, und einer dazu
passenden Jacke, schwarz. Darüber kann ich einen Mantel anziehen, der an der Garderobe hängt, damit ich nicht friere.

»Prima!«, ruft mir mein Kleiderschrank hinterher. »Die
Zweifel und Fragen sind allesamt überflüssig …« Den Rest
höre ich nicht mehr, ich flüchte mit dem Mantel aus der Wohnung. Der Typ, mein Kleiderschrank, muss Buddhist oder so
etwas Ähnliches sein. Rein vernunftmäßige »Erleuchtung«
gibt es im Zen-Buddhismus nicht, es heißt: »Das Leben ist
die Lehre.«

»Hörst du das Klatschen einer Hand?«, lautet eine berühmte
Frage der Buddhisten – ich denke beim Applaus der Preisverleihung daran. Wie kann ich mit einer Hand klatschen, das
geht ja gar nicht – aber ebendarum ist es ja eine philosophische Frage, die Zen-Buddhisten beim Meditieren oder im Leben lösen, aber jedenfalls nicht am Schreibtisch mit reiner
Vernunft.

Oh Gott, denke ich in der Pause der Preisverleihung plötzlich. Wenn mein Kleiderschrank wirklich spricht, ist er dann
nicht eine Reinkarnation? Ist die Seele eines Inders in meinen
Kleiderschrank gewandert? Ich werde immer nervöser bei der
Preisverleihung – womöglich flüstert diese Wiedergeburt

157

auch meinem Mann noch allerlei zu – er kennt ja all meine kleinen Schummeleien bezüglich der Preise meiner Garderobe (»Schatz, das war im Sonderangebot!«).

Daheim finde ich Mann und Kinder tief schlafend vor. Der Kleiderschrank schweigt auch. Ich muss mich vertan haben. Oder kann man das Klatschen einer Hand und einen Kleiderschrank doch hören?

33.

LIEBES TAGEBUCH ...

● ○ ● ○ ● ○ ● ○ ●

»... ich mache mir Sorgen. Große Sorgen. Arthur ist seit November 1813 wieder bei uns hier in Weimar eingezogen und so miesepetrig wie eh und je.

Wir reden schon überhaupt nicht mehr miteinander, wir verständigen uns nur noch mit Hilfe von Zetteln. Das ist wahrscheinlich auch gut so, denn sonst würde es vielleicht zu einem furchtbaren Streit kommen.

Ständig meckert, mäkelt und kritisiert er an allen und allem herum. Ich kann es kaum noch aushalten. Es war schon immer so, aber trotzdem habe ich das Gefühl, es ist schlimmer geworden. Überall liegen Zettel, die mir das Leben schwer machen:

»Das niedrig gewachsene, schmalschultrige, breithüftige und kurzbeinige Geschlecht das schöne nennen, konnte nur der vom Geschlechtstrieb umnebelte männliche Intellekt. Mit mehr Fug könnte man das weibliche Geschlecht das unästhetische nennen. Weder für Musik, noch Poesie, noch bildende Künste haben sie wirklich und wahrhaftig Sinn und Empfänglichkeit, sondern bloße Äfferei, aus Behuf ihrer Gefallsucht ist es, wenn sie solche affektieren und vorgeben.«

Will man so was als Frau und Mutter lesen? Vom eigenen Sohnemann? Und das noch vor dem Frühstück?

Der junge Mann hat keinen Respekt. Weder vor mir noch vor seiner Schwester noch vor sonst irgendeiner Frau. Dabei kommt er grundsätzlich gut bei der Weiblichkeit an – zumindest so lange, bis er den Mund aufmacht.

Dieses ewige Lamentieren über die dumme Welt und das menschliche Elend – es geht mir unsagbar auf die Nerven.

Er ist ein kluger Junge, zweifelsohne, aber kann er nicht mal an was Schönes denken, wenn er schon immer denken muss?

Und was heißt hier »Äfferei« und »Gefallsucht«? Ich will leben. Ich will lieben. Ich will Spaß haben. Was bitte ist daran falsch?

Und dann noch den Frauen den Sinn für die Künste absprechen! Das ausgerechnet mir – mir, Johanna Schopenhauer! Ich habe in Weimar einen literarischen Salon gegründet, in dem sich die wichtigen Geister meiner Zeit einmal in der Woche treffen, um sich auszutauschen und sich zu amüsieren. Alles, was Rang und Namen hat, ist da: die Bettina (von Armin), der Johann Wolfgang (von Goethe), Christiane (Vulpius) und einige andere, die alle immer wieder gerne kommen. Dichter und Denker, alle unter meinem Dach vereint – ach, es ist einfach herrlich, und ich freue mich jede Woche auf diese Abende. Aber auch das scheint meinem Herrn Sohn nicht zu gefallen. Dabei ist er extra von Hamburg hierhergekommen, um seiner Kaufmannslehre zu entfliehen, zu der ihn sein Vater noch verdonnert hatte. Was könnte er hier Studien betreiben! Was könnte er hier anregende Gespräche führen! Was könnte er es sich hier gutgehen lassen!

Aber dass er es sich mal gutgehen lässt, scheint im Leben meines Sohnes völlig unmöglich zu sein.

Ein besonderer Dorn im Auge ist Arthur mein Georg Friedrich, der neue Mann in meinem Leben. Ja, ich weiß, es ist zu meiner Zeit etwas ungewöhnlich, sich relativ öffentlich zu einem Hausfreund zu bekennen. Und jünger als ich ist Georg Friedrich auch noch, ich bin eben wohl doch eine »Cougar«. Aber mein verstorbener Mann war fast zwanzig Jahre älter, und meine Ehe war ein Gefängnis, aus dem ich endlich befreit bin. Mit achtzehn einen siebenunddreißig Jahre alten Mann auf Drängen der Eltern hin zu heiraten ist keine so wirklich gute Idee. Aber was sollte ich damals auch machen? Mädchen wurden verheiratet – egal ob ihnen das passte oder nicht. Und mir passte es nicht besonders. Ich hätte gerne Malerei studiert, aber meine Eltern fanden dieses Ansinnen völlig abwegig. So heiratete ich stattdessen Heinrich Floris Schopenhauer und schlitterte direkt in eine unglückliche Ehe hinein. Mein damaliger Mann litt an Depressionen, die man zu meiner Zeit noch Schwermut nannte, war ständig gereizt und manchmal sogar auch regelrecht wirr im Kopf.

Wahrscheinlich hat Arthur da doch einiges abgekriegt, auch wenn ich versucht habe, das so weit wie möglich von ihm fernzuhalten. Heinrichs Sturz vom Speicher war daher wohl eher ein Selbstmord als ein Unfall.

Nicht schön, aber in gewisser Weise auch eine Erlösung – zumindest für mich. Arthur scheint das Ganze mehr mitgenommen zu haben, als er sich das zunächst anmerken ließ.

Im Grunde genommen ist es nicht verwunderlich, dass der

Junge so unglücklich ist. Schließlich hat er in jungen Jahren nicht gerade eine glückliche Familie gehabt.

Manchmal, liebes Tagebuch, mache ich mir da selbst Vorwürfe und habe große Schuldgefühle, da ich denke, als Mutter vollkommen versagt zu haben. Aber das ist etwas, das ich nie jemandem eingestehen würde. Mir selbst nicht, Arthur nicht und auch nicht meinem guten Freund Johann Wolfgang. Manche Dinge bleiben besser ungesagt, und Familientherapie gibt es leider noch nicht.

Aber trotzdem. Seit mein Mann tot ist, ist alles anders, und ich baue mir ein neues Leben auf.

Aber leider nicht mit Arthur.

Gerade gestern habe ich ihm einen neuen Zettel geschrieben:

> »Du scheinst mir zu verachtend gegen die, die nicht so sind wie du und predigst mir zuweilen zu viel.«

Und was macht Arthur? Nimmt er sich meinen mütterlichen Rat etwa zu Herzen? Nein, er hängt weiterhin seinen düsteren Gedanken nach: »Der Lebenslauf des Menschen besteht darin, dass er, von der Hoffnung genarrt, dem Tode in die Arme tanzt. Jeder läuft zuletzt schiffbrüchig und entmastet in den Hafen ein.«

Also, der scheint mir glatt die Schwermut seines Vaters geerbt zu haben. Wenn ich zu meiner Zeit schon könnte, würde ich ihn zum Therapeuten schicken. Wenn das nicht schwer depressive Züge aufweist. Aber das geht ja leider nicht.

So bleibt mir nichts anderes übrig, als weiter zu hoffen, dass er irgendwie doch noch etwas Glück findet und dann vielleicht umgänglicher wird. Mit sich und mit anderen.

Es ist nicht schön, wenn man sein Kind so freudlos sieht. Und natürlich mache ich mir Gedanken.

Aber habe ich kein Recht auf eine neue Liebe? Kann ich mir von meinem Kind mein Leben vorschreiben lassen? Nein, das geht sicher nicht. Aber alles ist nicht so einfach.

Ach, verdammt, Patchwork-Familien sind das Schwierigste überhaupt. Das hätte mir von Anfang an klar sein müssen. Georg Friedrich bemüht sich wirklich redlich um einen guten Kontakt zu Arthur, aber … nein, der lehnt es ab, überhaupt mit ihm zu reden. Kein Wunder, mit mir redet er ja auch nicht mehr. Nur noch diese blöden Zettel.

›Schlampe‹ stand übrigens auch mal auf einem drauf – aber da bin ich mir nicht sicher, ob der wirklich von Arthur stammt.

Er vergöttert irgendwie immer noch seinen toten Vater – warum, weiß der Himmel. Der war ja nun wirklich alles andere als ein guter Vater. Im Grunde genommen war er überhaupt kein Vater. Aber es ist auch einfach, jemanden gut zu finden, der schon tot ist, der kann einem ja nicht mehr das Gegenteil beweisen.

Dabei war Arthur durchaus ein Sonnenschein als Kind, wenn auch nicht als Baby. Als er auf die Welt kam, hat er nur geschrien. Wahrscheinlich war ihm schon damals klar, dass es ihm hier auf Erden nicht so gut gefallen würde.

Ich habe alles versucht, aber dieses ewige Geschrei von einem Baby kann einem wirklich den letzten Nerv rauben. Doch nach dem Geschrei der ersten drei Monate hat er sich wirklich prächtig entwickelt.

Trotzdem nagt ein Gefühl an mir: Was habe ich als Mutter nur falsch gemacht? Hätte ich ihn länger stillen sollen? Hätte ich milder mit ihm sein sollen? Oder strenger?

Es tut mir einfach leid, dass unser Verhältnis so zerrüttet ist.

Aber er ist ja wohl alt genug, um einzusehen, dass ich ein eigenes Leben habe und auch eins brauche. Und ein neuer Mann gehört da einfach dazu. Es stimmt ja, ich gebe es zu, ich bin auch nicht immer ein Engel. Als Arthur mir stolz seine Doktorarbeit präsentiert hat – *Über die vierfache Wurzel des Satzes vom zureichenden Grunde* –, habe ich etwas lapidar geantwortet: »Das ist wohl was für Apotheker?«

Das war nicht nett. Ich weiß.

Ich habe nicht wirklich verstanden, wie man sich monatelang mit so was beschäftigen kann, hatte an diesem Tag eine Migräne und am Morgen einen Streit mit Georg Friedrich wegen Arthurs unverschämten Zetteln. Georg Friedrich ist grundsätzlich der Meinung, dass ich immer noch viel zu nett zu Arthur bin und mir zu viel gefallen lasse. Aber er hat eben auch keine Kinder und weiß nicht wirklich, wie das ist. Man liebt sie ja doch, egal, was sie so treiben …

Ach, liebes Tagebuch, es ist nicht immer einfach, Mutter zu sein …«

Wie man an Johanna Schopenhauer (1766–1838), der Mutter von Arthur Schopenhauer (1788–1860), erkennen kann, ist es nicht immer einfach, die Mutter eines Philosophen zu sein. Johanna Schopenhauer hat – obwohl sie selbst zur ihrer Zeit eine namhafte Schriftstellerin war – das Ausmaß und die Größe der Gedanken ihres Sohnes sicherlich nicht richtig einschätzen können. Aber sicher ist wohl auch, dass Arthur Schopenhauer, der in späteren Jahren im Grunde genommen nur noch mit seinem heißgeliebten Pudel lebte, im täglichen Umgang ein sehr schwieriger Mensch war. Das ist auch für eine Mutter nicht immer einfach.

Übrigens ging die Sache mit Schopenhauer und seiner Mutter

nicht besonders gut aus. Arthur Schopenhauer forderte seine Mutter 1814 auf, auf ihren Hausfreund zu verzichten. Das wollte nun Johanna nicht, und es kam zu einem heftigen Zerwürfnis, und Johanna schrieb ihrem Sohn einen Abschiedsbrief: »Dein Misstrauen, dein Tadeln meines Lebens, deine Verachtung gegen mein Geschlecht, dies und noch vieles mehr, das dich mir durchaus bösartig scheinen lässt, dies trennt uns. Ich habe nichts mehr mit dir zu schaffen. Lebe und sei so glücklich als du kannst.«

Schopenhauer zog daraufhin aus, er und seine Mutter haben sich nie mehr wiedergesehen.

34.

PRÜGLE DEINE KINDER!

● ○ ● ○ ● ○ ● ○ ●

Noch vor hundert Jahren wurden Eltern dazu aufgefordert, die Kinder möglichst zu züchtigen, damit die Kleinen anhand der Strafen lernten, was Recht und Unrecht sei. Müttern, die nicht so viel vom Prügeln hielten, wurde empfohlen, hart zu sein und sich nicht weibisch zurückzuhalten – im Sinne der Kinder.

Heute steht Prügeln unter Strafe und ist gesellschaftlich geächtet. Ein prügelnder Vater oder eine schlagende Mutter werden als Sadisten, Rohlinge oder Asoziale empfunden. Über fast nichts können wir uns mehr empören, als wenn Kindern Gewalt angetan wird.

Wie kommt es eigentlich zu so einem Sinneswandel, ja zu einer Drehung der öffentlichen Meinung um 180 Grad?

Nietzsche hat in *Jenseits von Gut und Böse* dazu eine interessante Überlegung: »Was eine Zeit als böse empfindet, ist gewöhnlich ein unzeitgemäßer Nachschlag dessen, was ehemals als gut empfunden wurde – der Atavismus des älteren Ideals.« Das heißt: Ein Ideal kehrt sich oft in sein komplettes Gegenteil um. Aus den schönen Dicken des Barocks wurden die dünnen heutigen Models. Zu guten Tischmanieren des Mittelalters gehörten Furzen und Rülpsen. Und aus den leidenschaftlichen Lesern früherer Zeiten, die riskierten, dass Romane ihren Charakter verdarben, wurden heutige Jungs, die wir gerne zum Bücherlesen prügeln würden – würden wir noch prügeln …

35.

RECHT UND RACHE FÜR
EIN FEDERMÄPPCHEN

● ○ ● ○ ● ○ ● ○ ●

Eine der großen philosophischen Fragen lauert mit Kindern an Sommertagen an Eisständen, an Schultagen in der Küche und jeden Abend im Badezimmer.

Wir stehen im Sommer am See vor dem Eiswagen, Eva bestellt ein Schokoladeneis und Lukas ein Zitroneneis. Lukas bekommt seine zwei Kugeln *vor* Eva ausgehändigt und grinst seine Schwester provozierend an. Eva schmollt lautstark: »Das ist total ungerecht!«

Oder: Eva hat um zwölf Uhr hitzefrei. Lukas besucht eine andere Schule in einem gut isolierten Altbau mit dicken Wänden. Er kommt um 14 Uhr heim und erfährt, dass seine Schwester schon vor zwei Stunden Schule aus hatte. »Das ist voll unfair!«, schimpft Lukas noch beim Abendessen.

Und beide Kinder sind sich jeden Abend beim Zähneputzen einig, dass es im Allgemeinen und überhaupt ungeheuerlich ungerecht ist, dass Erwachsene so lange sie wollen aufbleiben können, Kinder hingegen zu einer bestimmten Uhrzeit ins Bett müssen.

Mein Mann Alex versucht sie manchmal zu beruhigen: Es gebe eine ausgleichende Gerechtigkeit auf der Welt, irgendwann einmal würde jeder bevorzugt oder benachteiligt. Mir hingegen kommt bisweilen über die Lippen: »Die Welt ist einfach manchmal ungerecht.« Wie sonst soll ich den Kids erklären, dass ein Max im Nachbarviertel 5000 Euro zum Geburtstag geschenkt bekommt, weil das für seine Milliardärs-Eltern Peanuts sind? Alex hat mich zwar daraufhin schon vorwurfsvoll angesehen und einen Vortrag über soziale Ungerechtigkeit im Allgemeinen und in unserer Stadt im Speziellen gehalten, aber die Kinder schienen meine Variante doch mehr zu akzeptieren.

Neulich hörte ich, wie Lukas seine Schwester belehrte: »Du musst im Urlaub im Stockbett unten schlafen. Du bist die Jüngere. Die Welt ist einfach manchmal ungerecht.« Eva, die sonst das Mundwerk eines Politikers hat, wusste nichts darauf zu erwidern.

Auch andere Teile meiner Familie, Freunde und Kollegen beschäftigt das Thema offenbar. Seit ich denken und hören kann, erzählt meine Tante Anna von einem »völlig empörenden« Richterspruch, der sie um ihr Erbe brachte. Unser Freund Gregor engagiert sich bei den Ärzten ohne Grenzen gegen die Ungerechtigkeit in Afrika. Meine Kollegin Bea empört sich über ungleiche Bezahlung von Männern und Frauen in unserer Branche. Und meine Mutter schimpft Entbindungen die »größte Ungerechtigkeit auf der Welt«. Dafür sollten sich Männer tausendmal am Tag rasieren müssen, um nur einen Hauch von unserem erlittenen Schmerz beim Schicksal wieder auszugleichen.

Das Schicksal … Ist es Schicksal? Gut, ich bin als Frau geboren, und wenn Frauen Nachwuchs haben wollen, geht das dummerweise nur über die eigenen Körper und nicht über die ihrer Männer. In den USA soll es zwar einen Fall gegeben haben, dass ein Mann ein Kind bekam und die Frau sich während der Schwangerschaft glücklich eine Zigarette anzünden und einen Cocktail zu sich nehmen konnte, aber das ist nicht der Normalfall.

Aber warum gibt es überhaupt diese Aufteilung in Geschlechter? Warum hat die Natur uns so erfunden und uns Frauen eindeutig den schwarzen Peter zugeschoben? Nein, ich rede nicht von der »Kleinigkeit« von bis zu 48 Stunden Wehen, sondern von der nahezu lebenslänglichen Aufgabe, unsere Zukunft großzuziehen – eine Sache, in die wir immer noch mehr involviert sind als unsere Männer, die nachts vielleicht nicht schlafen können, weil ein Schiedsrichter »so ungerecht« pfiff, während wir uns im Bett wälzen, weil die größtmögliche Ungerechtigkeit für Eva eingetroffen ist: Jemand hat ihr in der Schule ihr Federmäppchen geklaut. Das Mäppchen, für das sie monatelang ihr Taschengeld gespart hatte.

Während mein Mann Alex schon schnarcht, entwickle ich in meiner Schlaflosigkeit Rachephantasien der Selbstjustiz. Den Dieb werde ich – vermutlich nicht ein armer Zeitgenosse, sondern ein reicher Schnösel wie der Max mit den 5000 Euro als Geburtstagsgeschenk – noch stellen. Wie kommt überhaupt jemand dazu, einem der mir wichtigsten Menschen auf der Welt, meinem Kind, etwas so Wertvolles wegzunehmen? Früher oder später, so überlege ich in dieser schlaflosen Nacht, wird sich der Dieb durch etwas verraten. Und dann gnade ihm Gott. Ich werde ihm seine Hefte vollkritzeln und seinen Aufsatz so mit Flecken versauen, dass er eine Sechs dafür bekommt. Bei seiner Mutter werde ich ihn verpfeifen und bei der Lehrerin anschwärzen. Und wenn die Kinder in den Klassenräumen Unterricht haben, werde ich mich heimlich in die Schule stehlen und seine Jacke aufschlitzen, jawohl! Dem werde ich es zeigen, dem, der meine Tochter so verletzt und zum Weinen gebracht hat.

Irgendwann, kurz bevor der Wecker klingelt, schlafe ich dann doch ein – und werde sofort wieder aus dem Schlaf gerissen.

»Das ist total ungerecht!«, schreit Eva.

»Das besprechen wir später«, murmle ich. Bitte, bitte noch eine halbe Stunde Schlaf. Möge doch jeder Eisverkäufer ab sofort eine pädagogische Schulung durchlaufen und immer schön der Reihe nach verteilen. Kinder sind nachtragend!

»Das ist total ungerecht!«, brüllt mir Eva noch einmal ins Ohr. Ich verstehe zwar die Worte, aber nicht, was diese um diese Uhrzeit jetzt und hier verloren haben.

»Was ist denn, Schatz?« Ich richte mich auf.

»Papa hat mir mein Federmäppchen geklaut. Warum darf der das? Warum dürfen das Erwachsene?«

»Eva, komm, bitte, der Papa hat dir doch dein Federmäppchen nicht gestohlen, bestimmt nicht, lass uns das später besprechen, wenn wir alle ausgeschlafen sind!«

»Doch, hat er! Ich musste aufs Klo, und jetzt hab ich das gesehen! In seinem Arbeitszimmer!« Eva ist außer sich.

»Ja, ich hab es mir genommen.« Alex richtet sich schlaftrunken auch auf. »Ich musste zu einer Präsentation und hab auf die Schnelle nichts gefunden für die Stifte. Außer deinem Federmäppchen, Eva. Das lag im Flur rum.«

»Was geht denn hier ab?« Lukas steht im Schlafanzug vor unserem Bett und blickt abwechselnd fragend zu seiner Schwester und zu uns.

»Erwachsene dürfen einfach stehlen!« Eva stampft mit dem Fuß auf den Boden auf. »Das ist total unfair!« Sie rennt heulend weg, Lukas murmelt was von wegen heulende Zicken, Alex rennt Eva hinterher, um ihr den Sachverhalt noch einmal zu erklären. Ich höre im Nebenzimmer die schluchzende Tochter und den erklärenden Vater reden.

Ich versuche, mich und meine Gedanken um fünf Uhr früh, wie der Wecker zeigt, zu sortieren und frage mich, ob Eva nicht recht hat. Stehlen nicht auch Banker unser Geld, auch wenn sie es nur »kurz ausleihen«? Reden sie dann nicht beschwichtigend mit uns und erklären, dass es sich nur um eine zeitlich begrenzte Aktion handelt? Kassieren sie dafür aber nicht mächtig Zinsen? Aber was denke ich eigentlich um diese Uhrzeit? Ist die Welt nicht einfach manchmal ungerecht? Was stellen sich für Fragen? Wegen eines blöden Federmäppchens? Nein, pardon, das Federmäppchen ist nicht blöd, auch nicht meine Tochter. Es war ihr wichtig. Und mein Mann Alex versucht auch gerade, alles wieder ins Lot zu bringen. Ist doch prima, wenn mein Mann (um diese Uhrzeit!) sich der großen philosophischen Frage nach Gerechtigkeit Eva annähert. Ich sollte mich sofort zurücklehnen und wieder schlafen, eine einmalige Chance, das Erziehungsterrain meinem Gatten zu überlassen. Aber war der jetzt wirklich mit rosa Federmäppchen auf einer Präsentation in der Chefetage?, überlege ich weiter. Was denken eigentlich die Mitarbeiter? Wurde er vielleicht wegen dieser und ähnlichen Aktionen bei der letzten Gehaltserhöhung übergangen? Frau stelle sich vor: Mann zeigt auf ein Schaubild mit einem Stift, den er aus einem rosa Federmäppchen holt. Denken da nicht der Chef und die Kollegen, er sei schwul? Wie bin ich überhaupt dazu gekommen, so eine Niete zu heiraten und mit ihm auch noch Kinder zu kriegen? So eine wunderbare Frau wie ich hat doch etwas deutlich Besseres verdient als einen

Mann mit rosa Federmäppchen bei einer Präsentation … Wie ungerecht ist eigentlich die Welt, dass ich mich an so einen Kerl vergeude?

Ich höre Alex und Eva weiter im Kinderzimmer sprechen. Solche Nerven kann nur ein Mann haben, morgens um fünf Uhr diese Fragen zu diskutieren. Und warum hat dieser mein Mann dafür Zeit? Ha, weil ich den Großteil von Haushalt und Erziehung übernehme, er jeden Tag morgens eine Stunde länger schlafen kann – deshalb, und weil er gar nicht wirklich weiß, was Kinder im Alltag bedeuten. Nämlich Pragmatismus und keine philosophischen Diskussionen mitten in der Nacht! Der Mann hat gut reden. Die Welt ist ungerecht, zutiefst ungerecht, weil wir Mütter gar nicht in den Ruf kluger Debatten kommen, sondern nur genügend Schlaf hinterherhecheln.
Ich rege mich zu Recht über all diese Ungerechtigkeiten auf! Ich beschließe, mich aus den Federn zu wälzen und auch die kluge Mama zu spielen, so, wie Papa jetzt klug daherredet. Ganz egal, wie es mir morgen geht, wie unausgeschlafen ich bin oder nicht.
Doch just, als ich mich erheben will, entdecke ich, dass ich etwas Entscheidendes bei alldem übersehen habe. Lukas steht ja immer noch wartend im Schlafanzug vor meinem Bett!
»Wieso gehst du nicht ins Bett?«, frage ich.
»Ich wollte Eva und Papa nicht stören, wenn sie so etwas Wichtiges besprechen«, entgegnet mein Sohn, der sich mit seiner Schwester ihr Zimmer teilt, weil seins gerade renoviert wird.
»Aber du störst doch nie.« Noch ehe ich den Satz zu Ende gesprochen habe, bemerke ich die stereotype Floskel. Was rede ich da eigentlich? Wer bin ich eigentlich außer einer Floskelmaschine des Alltags?

»Doch, da störe ich heute.« Lukas ist bestimmt. »Das ist deren Ding. Papa hat ihr das Mäppchen einfach geklaut.« Ich lasse mich wieder in die Kissen zurückfallen.

Aus dem Kinderzimmer höre ich Alex und Eva immer noch sprechen. Mittlerweile bleiben mir genau noch eineinhalb Stunden bis zum Weckerklingeln. Was sage ich nun Lukas? Was mir selbst?

Statt meiner redet Lukas: »Ich leg mich jetzt zu dir ins Bett, Papa soll bei Eva übernachten«, sagt er. Und ehe ich mich versehe, kuschelt er sich an mich.

»Weißt du was, Mama?«, fragt er. »Während die da groß quatschen, schlafen wir einfach noch mal den Schlaf der Gerechten, einverstanden? Ich bin müde.«

Ich frage mich, woher Lukas diese Redewendung kennt, beschließe aber zeitgleich, dass mir das gerade egal ist, drücke meinen Sohn an mich, schließe die Augen und schlafe neben meinem Sohn den Schlaf der Gerechten. Alex schläft schließlich bei Eva im Kinderzimmer ein.

Bald darauf höre nur ICH den Wecker klingeln und stehe auf. Wie ungerecht ist doch die Welt! Aber andererseits: Wie Alex und die Kinder da so friedlich träumend schlummern – was für ein schöner Anblick! Vielleicht gibt es doch Gerechtigkeit im Leben? Werde ich nicht für all die Mühen der Erziehung und des Zusammenlebens mit der Familie bisweilen mit etwas Unerhörtem belohnt? Mit schierem Glück?

Ich schließe mich Hans Kelsen, dem bedeutendsten Rechtswissenschaftler des 20. Jahrhunderts an. Der sagte: »Was ist Gerechtigkeit? Keine andere Frage ist so leidenschaftlich erörtert, für keine andere Frage so viel kostbares Blut, so viele bittere Tränen vergossen worden, über keine andere Frage haben die erlauchtesten Geister – von Platon bis Kant – so tief gegrübelt. Und doch ist diese Frage heute so unbeantwortet wie je. Vielleicht, weil es eine jener Fragen ist, für die die resignierte Weisheit gilt, dass der Mensch nie eine endgültige Antwort findet, sondern nur suchen kann, besser zu fragen.« Kinder, fragt nach! Wenn es sein muss, mitten in der Nacht.

36.

STREIFZUG DURCH
DIE KINDHEIT

● ○ ● ○ ● ○ ● ○ ●

Damals, als das Wünschen noch geholfen hat, wünschte man sich keine Kinder, sondern sie kamen einfach. Kleine Menschen wurden geboren, unreife Erwachsene, die viel Aufzuchtmühe und oft auch bei der Geburt das Leben der Mutter kosteten. Kleine Menschen kamen zur Welt, und keiner wusste, wie lange sie überleben würden. Warum sollte man diese Wesen besonders liebhaben? Warum an jemanden das Herz verschenken, der ohnehin vielleicht bald wieder geht? Warum so einen kleinen defizitären Menschen hochachten, außer im Sinne eines Generationenvertrages für die Altersversorgung? Doch dazu mussten diese Wesen erst einmal aus dem Gröbsten raus sein, um dies überhaupt versprechen zu können. Entsprechend machte man sich sprachlich nicht einmal die Mühe, die Kindheitsphasen genauer einzuteilen. »Baby« und »Kleinkind« waren noch keine im heutigen Sinne gebräuchlichen unterscheidenden Bezeichnungen. »Richtige« Menschen fingen quasi erst als Ausgewachsene an.

Dann half das Wünschen irgendwann einmal nichts mehr. Die Aufklärung vertrieb die Märchen, Mythen und Gott aus unserem Weltbild und erklärte uns zu vernünftigen Wesen. Nicht der Herrgott und die Ständeordnung bestimmten fortan alleine unseren Lebensweg, sondern vor allem auch unsere Vernunft und unser *freier Wille*. Kein historischer Zufall, dass just zu jener Zeit die Kindheit »entdeckt« wurde.

Karl Philipp Moritz schrieb in den achtziger Jahren des 18. Jahrhunderts mit *Anton Reiser* einen der ersten Entwicklungsromane, der ein Menschenleben als Reife von Kindheit über Adoleszenz bis hin zum Erwachsenwerden beschreibt. Kant (*Anthropologie in pragmatischer Hinsicht, Die Metaphysik der Sitten*), Goethe (*Faust*) und Knigge (*Über den Umgang mit Menschen*) legten sich super fortschrittlich für Respekt vor der Kindheit ins Zeug und »erfanden« dafür eine »menschliche Natur«: Weiber und Kinder wurden zwar in Anlehnung an Rousseau als Abweichung von der männlichen Norm gesehen, aber man gab ihnen generös ein Plätzchen im Weltenlauf, ihre eigene »Natur«. Weiber waren fortan »von Natur aus« einfühlsamer, aufopfernder und instinktgesteuerter. Kinder waren ab jetzt von »Natur aus« reine, unschuldige Seelen.

Bis zur Mitte des 19. Jahrhunderts setzte sich die Idee der Aufklärung und der damit einhergehenden Bildung für alle ab dem Kindesalter nur langsam in verschiedenen deutschen Ländern durch. Die Einführung der allgemeinen Schulpflicht – an der sich das festmachen lässt – zeitigte dabei für unser heutiges Empfinden seltsame Auswüchse. Guter Unterricht schien mehr willkürlichen Gegebenheiten denn gezielter Pädagogik zu verdanken. Es gab keinen einheitlichen Lehrplan, und je nach der Ausbildung und des Geschicks des Lehrers oder der Klassenstärke lernten die Kleinen lesen,

177

schreiben und rechnen – oder auch nicht. Kinder der oberen Stände und deren Privatlehrer seien jetzt mal außer Acht gelassen, sie stellten ohnehin nur wenige Prozent der Bevölkerung. Es geht um die große Masse der Kinder, mit deren Schulbildung eines der wichtigsten Ziele der Aufklärung erkämpft werden wollte. Keiner sollte prinzipiell mehr dumm gehalten den Pfarrern von der Kanzel lauschen, sondern selbst lesen und *denken* können.

Viele Kinder wurden in dieser epochalen Übergangsphase auch gar nicht oder nur teilweise zur Schule geschickt, wenn sie zum Beispiel auf dem Land wohnten. Dazu: Je nachdem, wie der Lehrer das Kind einstufte, besuchte ein Achtjähriger eine Gruppe mit einem heute vergleichbaren Stoff der neunten Klasse oder ein Zwölfjähriger die Gruppe mit dem heute vergleichbaren Stoff der ersten Klasse. Machte das Kind gute Fortschritte, sprang es in andere Gruppen, mochte der kleine Mensch nicht so recht lernen, blieb er einfach in der Gruppe, in die man ihn geschickt hatte. Wenn sie für die Familie arbeiten mussten, riss man die Kleinen wieder aus dem Unterricht heraus und schulte sie gegebenenfalls später wieder ein, was eine ähnliche durchlöcherte Laufbahn ergab, wie sie heute viele Akademiker erleben: mal ohne Job Hartz IV beziehend, mal gut dotiert eingegliedert. Erst allmählich mit einem Zuwachs der Schüler kam irgendwer auf die Idee, doch Klassen nach Altersstufen oder gar Klassenzimmer einzurichten.

Die große Norm der Neuzeit für Kinder war geboren: die Schulklasse. Zwischen fünf und sieben Jahren musste nun normalerweise eingeschult und die elementaren Formen von Lesen, Schreiben und Rechnen gelernt werden. Klassenziele waren fortan zu erreichen. Die Lehrer waren ihrem Dienstherren (bis ins 20. Jahrhundert meist der Pfarrer) Rechenschaft schuldig. Und doch war bis in die sechziger Jahre des 20. Jahrhunderts die »Gruppenidee« noch präsent. In Dorfschulen wurde noch in Klassen Jahrgangsstufe eins bis vier und fünf bis acht (oder neun) gemeinsam unterrichtet. Kinder, die nach Einschätzung des Lehrers erst im zweiten Jahr der Einschulung die geistige Reife hatten, um richtig lesen und rechnen zu lernen, fielen nicht durch, sondern blieben weiter in der Gruppe. Kluge Kinder konnten nach zwei Jahren die Gruppe verlassen und in der nächsthöheren Gruppe ihrer Entwicklung entsprechend gefordert und gefördert werden.

Besonders kluge und besonders dumme Kinder (die man damals noch so nannte) profitierten von dem durchlässigen System. Sie wurden weder mit dem Etikett »lernstark« oder »lernschwach« versehen – sie bekamen erst gar keins verpasst. Sie waren innerhalb der »Norm«, die man nicht nur als Erfüllung von Klassenzielen und das Erreichen von bestimmten Vorgaben zu einem genauen Alter der Kindheit verstand, sondern eben auch in den ganz üblichen individuellen Abweichungen.

Jetzt hilft offenbar das Wünschen wieder. Kinder sind nicht mehr das zufällige Nebenprodukt eines Geschlechtsverkehrs, sondern sorgsam im Lebenslauf zweier Erwachsener geplante *Wunschkinder*. Sie werden zielgenau zwischen Karriere und Ablaufen der biologischen Uhr eingepasst. Als Glücksversprechen des eigenen Lebensentwurfes müssen sie aber auch unbedingt halten, was wir mit ihnen planten. Nein, wir erwarten natürlich nicht mehr, dass sie den väterlichen Betrieb übernehmen oder züchtige Hausfrauen werden – viel schlimmer: Wir, die wir einige Karriereschritte für sie zurückgingen und von schlaflosen Nächten mit Säuglingen wie von einem großen Trauma sprechen, *fordern* von unserem Nachwuchs regelrecht, dass er die Investition wettmacht. Mit Argusaugen beobachten wir deshalb seine Entwicklung und lesen tonnenweise Erziehungsratgeber. Wir können bei der Aufzucht keinerlei Risiko mehr eingehen, lassen zu hohe Klettergerüste auf dem Spielplatz per Bürgerbegehren abbauen und kontrollieren die Wege der Kleinen via Handy-Ortung. Entwicklungsverzögerungen werden minutiös festgestellt und mit Ergo- und Logotherapien sofort behandelt, um nur ja nichts zu »versäumen«.

Die zweite große Norm der Neuzeit für Kinder hat seinen Siegeszug angetreten – die verinnerlichten Muss-Bestimmungen der Eltern. Wie sehr sie einem Märchen oder Mythos entsprechen, ist uns längst nicht mehr gewahr. Die Aufklärung hat – wie Horkheimer/Adorno (*Dialektik der Aufklärung*) deren Strukturen in einem ganz anderen Zusammenhang entlarvten und Paul Feyerabend (*Erkenntnis für freie Menschen*) zeigte – ihr Gegenteil in sich und kann ganz schnell in die Barbarei umschlagen. Objektivität und Vernunft brauchen stets ein waches Auge anderer auf sie, um sich nicht in neue Mythen und Märchen zu verwandeln.

Meine Großmutter hätte mir wahrscheinlich den Vogel dafür gezeigt, was wir mit ihren Urenkelkindern so veranstalten. (»Was? Der Kleine kann mit 14 Monaten noch nicht laufen, und deshalb gehst du zum Doktor? Ich weiß gar nicht mehr, wann meine Kinder überhaupt zu laufen anfingen, irgendwann, ist das nicht völlig wursch, solange sie es lernten?«) Für völlig verrückt hätte meine Oma ihre Nachkommen wohl dafür erklärt, was mittlerweile rund um die Schule und Bildung passiert.

Schule ist nicht mehr Obliegenheit der Kinder und der Lehrer – Eltern werden schon in der Grundschule aufgefordert, mit den Kleinen lesen und rechnen zu üben. Väter planen ihre Urlaubstage nach anstehenden Tests. Großeltern lernen je nach Vorbildung wahlweise Latein, Mathe oder Englisch mit den sie in den Ferien besuchenden Enkeln.

Schule wird zunehmend in die Familien verlagert. Familien, die Kinder bis hin zum Abitur »begleiten«, sind zur Norm geworden. Und mit der Abschaffung der klaren Kompetenzzuschreibungen wurde ein »Krieg« eines jeden gegen jeden eröffnet. Eltern gehen mit Anwälten gegen Lehrer wegen einer Note in einer Stegreifaufgabe vor, Lehrer bezichtigen vice versa in Sprechstunden Eltern des Versagens in der Erziehung. Kinder weinen still oder schmeißen wütend die Türen zu, weil eine Sechs in Mathe den Wochenendausflug ins Wasser fallen lässt und stattdessen bei einem weiteren Machtkampf gebüffelt werden muss.

Die daraus zwangsläufig resultierende soziale Ungleichheit ist ein eigenes Thema. Kinder, deren Eltern weder über Zeit, Bildung noch Geld für Nachhilfelehrer verfügen, sind schneller wieder aus höheren Schulen draußen, als sie jemals drin waren. Mittlerweile gilt das jedoch als Kollateralschaden in einem System, das ähnlich undurchlässig ist wie die Ständeordnung vergangener Jahrhunderte.

Selbst in teuren Privatschulen wird ganz selbstverständlich eine »Mitarbeit« der Erziehenden erwartet. Und in Anbetracht des gesamten Phänomens nehmen sich Unterschiede zwischen Hamburg, Brandenburg und München herzlich gering aus.

Die »Schuld« an diesen Zuständen nur einer miserablen Bildungspolitik zuzuschreiben wäre zu einfach. Auch das »terminierte Glücksversprechen« der Eltern oder gar das generelle Behaupten einer »Leistungsgesellschaft« greift zu kurz. Ein tieferer gesellschaftlicher Bewusstseinswandel treibt neue »Bildungsblüten« im negativen Wortsinn.

Eine »Freud light«-Gesellschaft hat unsere Köpfe und Seelen durchtränkt und uns mittlerweile im Schulterschluss mit den modernen Naturwissenschaften den *freien Willen* abgenommen. Wir sind von Genen, frühkindlichen Prägungen, Hormonen, Arbeitsstrukturen oder »unbewussten Fallen« bestimmt. Wir erleben Emotionalität und das Denken nicht mehr als unmittelbaren Ausdruck unseres Seins, sondern ordnen sie zunehmend als *Reaktion* auf etwas ein.

Dr. Sigmund Freud, der bahnbrechend die Seelen von der *Schuld* und Geisteskranke von Elektroschocks in Irrenhäusern befreite, wurde zur Light- und Zero-Version weichgespült. Nicht mehr Verdrängung, Verdichtung und Verschiebung werden auf der gesellschaftspolitischen Couch analysiert, sondern wir nehmen einzeln und gemeinsam an Sitzungen teil, um uns des freien Willens zu entledigen. Als Trinker sehen wir uns als Süchtige, die zur Flasche greifen *müssen*. Als Melancholiker erliegen wir der »Volkskrankheit Depression«, der wir einfach nicht entrinnen können. Als Ehrgeizige, die sich verausgabten, leiden wir an einem Burnout.

Wir setzen uns kollektiv ins Passiv physischer, physischer und gesellschaftspolitischer Gegebenheiten. Wir geben Selbstverantwortung und Engagement an der nächstmöglichen Garderobe ab: im Büro, in Praxen, in Vereinsheimen, im

Parlament und sogar in den eigenen vier Wänden. Nirgendwo zeigt sich dies deutlicher als im Umgang mit Kindern.

Am sprachlichen Paradoxon lässt sich die Wurzel dessen ablesen: Wir entledigen uns freiwillig unseres freien Willens. Einerseits haben sich Erwachsene noch nie so in das Leben ihrer Kinder eingemischt, ihnen so wenig Freiheit und so viel Kontrolle zukommen lassen und damit ihre Eigenständigkeit und ihren freien Willen bestritten. Vormals konnten sich Kinder noch im Kollektiv abweichend sehen, ihr gemeinsames Spiel als *zusammen* abweichend von der Norm des Menschseins sehen. Heute sagt ein Siebenjähriger auf dem Pausenhof der Grundschule: »Ich komme nicht aufs Gymnasium. Ich hab Legasthenie. Ich bin ein Versager.« Er drückt damit aus, dass nicht mehr sein Wille zählt, sondern seine »Krankheit« ihn bestimmt.

Die am Fließband diagnostizierten neuen »Kinderkrankheiten« wie ADS/ADHS vermitteln schon den Jüngsten das Gefühl, mit ihnen stimme etwas nicht und »man« hätte sich um sie zu sorgen. (Damit soll auf keinen Fall das individuelle Leid verharmlost werden. Es geht nicht um Einzelschicksale, sondern um eine allgemeine gesellschaftspolitische Tendenz.) Kinder und Jugendliche nehmen sich in einem Ausmaß »defizitär« wahr, wie es vormals nur über die »Erbsünde« möglich war. Die Tragödie der neuen Generation heißt nicht Computerspiel oder Facebook, sondern wir Eltern und Lehrer. Wir leben ihnen vor, woran sie zu leiden haben werden. Wir erwarten einen fürsorglichen Staat, der sich gefälligst um unseren Schutz zu kümmern hat, und mutieren für dieses Schutzbedürfnis gerne selbst zu Kleinkindern in der Hoffnung, eine Instanz außerhalb unserer selbst nähme uns jedes Unbill des

Lebens ab. Dafür schließen wir den neuen Teufelspakt, dessen Preis unsere Freiheit ist.

Unmengen an Hintertürchen sind geöffnet, um eine ganze Generation nicht mehr freiheitlich-selbstbestimmt geprägt aufwachsen zu lassen, sondern sie zu Opfern und Losern abzuwerten. So klug wir sonst vielleicht gesellschaftspolitische Tendenzen bemerken und analysieren – kaum geht es um unsere Kinder, nehmen wir den größten anzunehmenden Unsinn ernst und tanzen mit den Kids im Vollmond, wenn es die esoterische Lehrerin denn verlangt.

Wir sind zutiefst verunsichert, was uns und unsere Kinder betrifft und den besagten freien Willen. Wir vertrauen weder ihnen mehr noch uns. Wir haben das größte Ziel der Aufklärung im Grab der unbekannten Geister verscharrt: Bei aller Unzulänglichkeit sind wir Menschen selbst und unser freier Wille noch immer der größte und beste Maßstab. Und damit können wir auch wirklich gute Eltern sein.

Möge doch das Wünschen wieder neu helfen und unseren Kindern eine der größten Errungenschaften der Aufklärung wiederbringen: ihre Kindheit. Eine Kindheit, die sie in Ruhe Kinder sein lässt, mit allen Abweichungen von einer vorgeblichen Norm, einer Norm, die den irrationalen Vorstellungen von Erwachsenen zu verdanken ist und ihrer abstrusen Idee entspringt, der *freie* Wille sei hoffnungslos retro.

37.

VOLL DER SCHWULE MONGO

● ○ ● ○ ● ○ ● ○ ●

Samstagnachmittag. Es ist eingekauft, geputzt, die Hausaufgaben sind kontrolliert, die Vokabeln abgefragt, die
Schwiegermutter ist zurückgerufen und die eigene Mutter
ausführlich zu einer anstehenden Kartenrunde beraten worden. Der Mann liegt auf dem Sofa und liest Sportberichte, Lukas geht freiwillig vom PC weg und raus (das gibt es, ich
schwöre, ich lüge nicht!), und Eva beschäftigt sich still in ihrem Zimmer. Ich leiste mir den ungeheuerlichen Luxus – den
nur Mütter zu schätzen wissen –, an einem stinknormalen
Samstag einfach so ohne besonderen Anlass ein halbstündiges
Vollbad zu nehmen und in einer Frauenzeitschrift zu blättern.
Ein wunderbares Restwochenende steht mir bevor. Ach, wie
schön ist es, Familie und Kinder zu haben, trotz allem Stress
und einer Geldbörse auf Dauerdiät.

Lukas ist mittlerweile so groß, dass ich die Tür zum Badezimmer abschließe. Nicht dass wir prüde wären, aber mein
Sohn findet es mittlerweile »unanständig«, eine nackte Mutter zu sehen. Verstehe ich. Ich kann mich noch gut erinnern,
wie es mir ab einem bestimmten Zeitpunkt einfach peinlich
war, vor meinem Vater entblößt zu sein. Alles ganz normal,

wir sind eine Durchschnittsfamilie – Gott sei Dank, denke ich gerade, im Schaumbad schwelgend, wir haben genau das gleiche Glück und die gleichen Probleme wie andere, keine Krankheiten, keine Behinderungen, und alle zwei Jahre können wir sogar in Urlaub fahren. Ist das Leben nicht schön? Ich lasse noch etwas warmes Wasser nachlaufen, obwohl ich glaubte, draußen Lukas und meinen Mann Alex reden zu hören. Aber das kann nicht sein, Lukas ist doch gerade erst rausgegangen.

Doch, die Stimmen werden lauter, ich drehe den Wasserhahn zu. Das hört sich irgendwie nicht gechillt an.

»So was sagt man nicht!«, höre ich meinen Mann in ruppigem Tonfall sagen.

»Das sagen alle!«, widerspricht Lukas.

Geht jetzt wieder dieser vorpubertäre (oder mittlerweile schon pubertäre) Zwist los? Neulich sprang Lukas vom Abendessen auf und rief: »Mit achtzehn bin ich hier weg, das lasse ich mir nicht mehr bieten!«

Herrje, und ich wollte doch bloß in Ruhe baden.

»Dieser behinderte Spast hat uns einfach den Fußball mit dem Messer kaputt gemacht.«

Ich höre es an der Stimme. Lukas ist auf hundertachtzig – Alex gibt auch gerade Gas.

»Du kannst doch nicht ›behindert‹ und ›Spast‹ als Schimpfwort verwenden! Hast du sie noch alle?«

»Und warum nicht?«, fragt Lukas frech zurück.

»Weil, weil … das ist diskriminierend!«

»Warum?«

»Man beleidigt doch keine Opfer der Gesellschaft!«

»Der ist aber voll ein Spast. Und ein Opfer!«

»Das wird ja immer noch schlimmer!« Alex schnappt sogar durch die Badezimmertür hörbar nach Luft.

Wie gut, dass ich hinter einer verschlossenen Tür in der Badewanne liege – mein Mann kann mich jetzt nicht zu Hilfe rufen.

»Mama!«, ruft ausnahmsweise einmal mein Sohn im Konfliktfall. »Kannst du nicht kommen? Der Papa wird immer asozialer!«

Ich traue mich nicht mehr, mich zu bewegen, um im Plätschern nicht die Replik von Alex zu versäumen. Aber ich höre nichts. Das ist noch schlimmer, das Schweigen.

»Moment, ich trockne mich noch ab, dann komme ich!«

Draußen sitzt Lukas am Küchentisch, und Alex schmollt demonstrativ hinter dem Sportteil der Zeitung. Eva, die mich aus dem Badezimmer kommen hörte, steht in der Zimmertür und verdreht die Augen, ehe sie sich wieder verabschiedet und vorsichtshalber die Tür hinter sich schließt.

Ich weiß, was sie meint: »*Die beiden* schon wieder!«

»Um was geht es denn?«, frage ich scheinheilig, im Handtuch sichtlich bibbernd, damit man ein Einsehen hat und mich gefälligst anziehen und in Ruhe lässt.

»Der Lukas ... man kann doch nicht solche Schimpfwörter verwenden!«

»Der Papa ist voll der Mongo, versteht gar nichts!«

»Mongo?!« Alex fährt vom Stuhl hoch. »Jetzt reicht es aber endgültig. Behinderte beschimpfen, das geht gar nicht!«

»Die reden doch alle so, das ist Jugendsprache!«, versuche ich zu beruhigen. »Wir hatten doch auch ...«

»Hast du auch gesellschaftlich Benachteiligte beschimpft?«, fragt Alex.

»Nein, aber zu unserer Zeit war es zum Beispiel tabu, ›geil‹ zu sagen.«

»Das kann man doch nicht vergleichen!«, entgegnet Alex.

»Kann ich jetzt gehen? Mir reicht der Quatsch!«, fragt Lukas.

»Du bleibst da!«, befiehlt Alex.

»Kann ich mich nicht wenigstens anziehen?«, frage ich.

Eva wirft einen Blick aus ihrem Zimmer und schließt die Tür augenverdrehend sofort wieder.

»Hör mal«, versucht Alex zu erklären. »Es gibt einfach bestimmte Sachen, die sagt man nicht. Ich sage doch auch nicht ›Neger‹ zu Schwarzen.«

»Das ist ganz was anderes!«, stimmt Lukas zu. »Das ist voll diskriminierend!«

»Also, und wo ist jetzt das Problem?«, frage ich.

Der Alarm an Alex' Armbanduhr gibt ein Signal. Es heißt, dass jetzt gleich Fußball beginnt.

»Egal, wir haben kein Problem. Kann ich jetzt gehen?«, fragt Alex und dreht sich im gleichen Moment um.

»Wir haben kein Problem. Kann ich jetzt endlich auch gehen?«, sagt Lukas und dreht sich noch im Satz um.

Ich stehe fassungslos in meinem Handtuch in der Küche. Lösen Männer Konflikte immer so?

Eva lugt aus der Zimmertür und lächelt.

»Endlich geben die Ruhe«, raunt sie mir zu. »Die sind doch voll schwul beide!«

»Eva!«, höre ich mich sagen. »Du kannst doch nicht Schwule diskriminieren!«

»Das sagen doch alle!«, erwidert Eva. »Das ist Jugendsprache. Hast du grad selbst gesagt.«

»Ich? Wie kommst du auf diese Idee?«

»Du hast mir doch neulich ein Kapitel aus deinem neuen Buch vorgelesen. Da steht drin, dass Wittgenstein sagt, ›die Bedeutung eines Wortes ist sein Gebrauch in der Sprache‹.«

»Das kannst du doch noch gar nicht verstehen!«

»Und warum nicht?«

»Weil … weil …« Mir fällt nichts darauf ein.

»Ist doch ganz einfach, Mama! Ich meine ›schwul‹ einfach anders als du. Und Lukas meint ›behindert‹ einfach anders als Papa. Jeder meint das anders. Kann ich jetzt gehen?« Fragt sie – und dreht sich noch im Satz um.

Ich nicke und bleibe mit umwickeltem Handtuch verdattert in der Küche stehen. Irgendwie ist meine Familie gar nicht normal, sondern voll der schwule Mongo.

38.

WAS IST GUTER SEX?

● ○ ● ○ ● ○ ● ○ ●

Eine indiskrete Frage vorab: Sie sind ein Mann? Sie haben die Kapitelüberschriften dieses Buches im Inhaltsverzeichnis gelesen? Sie haben deshalb dieses Kapitel zuerst aufgeschlagen? Ich gratuliere Ihnen dazu! So kriegt man Männer doch auch dazu, in einem philosophischen Mutterbuch zu lesen. Hören Sie mich kichern?

Lange Zeit spielte Sex in philosophischen Überlegungen keine Rolle. Nach Kant gehörte Sex in die Ehe, und Schopenhauer vertrat die Auffassung, dass Männer sehr wohl außerehelichen Geschlechtsverkehr haben dürfen, Frauen aber nicht (kurioserweise sah Schopenhauer beim Mann jedoch genau mit 54 Jahren dessen sexuellen Wendepunkt).

Mitte des vergangenen Jahrhunderts rückte dann ein Philosoph den Sex in den Fokus. Michel Foucault (1926–1984) schrieb das dreibändige Werk *Sexualität und Wahrheit.* Er zeigt darin, dass Sex heute nicht mehr unterdrückt wird, sondern im Gegenteil stets thematisiert wird und präsent ist (und das noch vor der Erfindung des Internets!). Robert Pfaller, ein Philosoph unserer Zeit, bringt es mit Iris Osswald-Rinner so auf den Punkt: Wir seien »oversexed and underfucked«. Nach ihm hat die Gesellschaft eine »neurotische Unlust« erfasst – wir genießen das Leben nicht mehr, auch nicht guten Sex. Wir sind kollektiv asketisch geworden. Wo uns früher (in der Sexualität) die katholische Kirche Fesseln anlegte, geißeln wir uns heute selbst und verzichten auf lustvolle Erotik.

Na, uns kann er wohl nicht gemeint haben – denn die Kinder bringt doch nicht der Storch, oder doch wieder?

39.

YES, YOU CAN!

● ○ ● ○ ● ○ ● ○ ●

Schrecken zu Schuljahresbeginn: Eva hat nun die gleiche doofe Englischlehrerin bekommen wie Lukas schon vor zwei Jahren. Der Kuh macht es Spaß, die Kinder schlecht zu benoten; als Lukas sie hatte, fielen wegen Englisch sechs Kinder durch. »Pädagogische Nullnummer« wäre noch untertrieben – sie demotiviert die Kinder regelrecht. Lukas brauchte zwei Jahre, um wieder etwas mehr Spaß an der Sprache zu haben.

Eva schreibt in der ersten Ex eine Zwei, in der Schulaufgabe eine Drei, unten steht als Bemerkung: »Yes, you can!« Alex und ich schauen uns an – was ist das denn für eine Bemerkung? Obama verwendet diesen Wahlkampfslogan doch schon seit Jahren nicht mehr! Aber gut, der Humor der Menschen ist eben verschieden, und Hauptsache, Eva wird nicht so demotiviert wie Lukas. Oder ist das eine typische Mädchenlehrerin, die Jungs gerne schlechter macht, als sie sind?

»Die hat jetzt einen Mann«, weiß Lukas, »und ist nicht mehr chronisch untervögelt!«

»Lukas!!!«, ermahnen Alex und ich unseren Sohn gleichzeitig. »Das sagt man nicht!«

»Und wenn es stimmt?«, fragt Eva.

»Dann ... dann ... trotzdem sagt man das nicht.«

Bei der nächsten Elternsprechstunde sitzt – rein optisch – eine andere Englischlehrerin vor mir als noch zu Lukas' Zeiten. Statt in einer weißen zugeknöpften Bluse zu einem grauen Rock sitzt sie in Jeans und T-Shirt vor mir und lächelt freundlich. Die wird endlich gevögelt, denke ich, verbitte mir dann aber selbst den Gedankengang wieder. So was *denkt* man nicht einmal!

»Sie sind doch die Mutter von Lukas, wir kennen uns doch schon?«, fragt mich die Lehrerin gleich zu Beginn. Ich nicke. Auweh. Hoffentlich wird Eva jetzt nicht wegen ihres großen Bruders schlechter bewertet! Man weiß ja nie, was bei solchen Lehrern alles eine Rolle spielt.

»Ach«, setzt die Lehrerin an und ringt kurz um Worte. Himmel, was kommt da jetzt noch?

»Sie müssen ja ein Bild von mir haben! Völlig zu Recht übrigens. Damals mit der Klasse von Lukas ... damals war ich völlig aus dem Tritt. Bis ich gemerkt habe, dass ich die Kinder mit meiner Härte eigentlich ständig demotiviere.«

Höre ich richtig?

Ja. Noch weitere zehn Minuten führt die Lehrerin aus, was sie damals falsch gemacht und was sie verändert hat und woran sie jetzt arbeitet.

»Wissen Sie«, sagt sie dann noch beim Abschied, »man muss die Kinder lieben und achten, nur dann wird das was.«

Zunächst bin ich nur verblüfft, dann erleichtert und schließlich lange wütend, obwohl sie Eva tatsächlich weiter richtig motiviert. Was habe ich eigentlich dagegen, wenn sich ein

Mensch wundersamerweise um 180 Grad zum Besseren wendet? Nietzsche erklärt es mir, kurz und prägnant: »Wenn wir über jemanden umlernen müssen, so rechnen wir ihm die Unbequemlichkeit hart an, die er uns damit macht.«

40.

»PHILOSOPHIEREN HEISST STERBEN LERNEN«

● ○ ● ○ ● ○ ● ○ ●

Wie alle Babys fiel Sophie vom Himmel, kam auf die Welt, war Leben pur und kannte keinen Tod.

Ich schätze mal, bis Sophie so drei Jahre alt war, war ihr Bewusstsein einfach noch nicht weit genug, um den Tod in irgendeiner Form überhaupt zu erkennen. Noch nicht mal eine tote Fliege hätte sie damals als tot wahrgenommen. Vielleicht hätte sie gedacht, die schläft nur und man kann sie wieder aufwecken. Mit so ungefähr vier hat sie auch mal ihrem Plüschpony die Mähne geschnitten und war der festen Überzeugung, die Haare wachsen einfach wieder nach. Als ich ihr erklären musste, dass das nicht so ist, gab es viele Tränen und den vergeblichen Versuch, die Haare mit Tesafilm wieder dranzukleben.

Kleine Kinder sind in dieser Hinsicht wie Tiere. Gesegnet mit dem Unwissen über den Tod, leben sie einfach im Hier und Jetzt.

Ich schätze, es hat ungefähr bis zu ihrem sechsten, siebten Lebensjahr gedauert, bis Sophie sich bewusst wurde, dass es den Tod gibt, dass Menschen und Tiere und alle Lebewesen – und damit auch sie selbst – sterblich sind.

Irgendwann kommt für jedes Kind der Tag, an dem es aus dem himmlischen Zustand der Unschuld und des Unwissens herauskatapultiert wird und realisiert, dass es den Tod gibt. Das ist manchmal ein langsamer Prozess, manchmal ein einschneidendes Erlebnis.

Und vielleicht ist das unsere eigentliche Vertreibung aus dem Paradies: das Wissen um den Tod.

Bei Sophie war es ein einschneidendes Erlebnis: In der zweiten Klasse ist eine Freundin und Klassenkameradin von ihr gestorben.

Das hat nicht nur sie aus der Bahn geworfen, sondern auch mich. Wenn Kinder sterben, steht die Ordnung der Dinge auf dem Kopf. Und ich musste – wie irgendwann jede Mutter – Sophie Antworten geben. Antworten auf sehr schwierige Fragen: Warum sterben wir? Wo ist ihre Freundin jetzt? Wieso musste sie überhaupt sterben? Das ist so furchtbar gemein. Warum ist Gott so gemein? Werden du und der Papa auch irgendwann sterben? Und ich?

Das alles hat Sophie Angst gemacht.

Sie hatte viele Fragen.

Und ich hatte nicht viele Antworten.

Ich habe mich bemüht – aber wie erklärt man den Tod? Das haben schon ganz andere versucht.

Ich habe Sophie getröstet und gesagt, dass ihre Freundin jetzt im Himmel sei und dort glücklich ist. Und das habe ich nicht einfach so dahingesagt, um Sophie zu beruhigen, sondern das war durchaus meine Überzeugung. Der Tod hat Sophie noch lange beschäftigt und damit auch mich und ihren Vater. Kein Wunder. Der Tod und seine Bedeutung für uns in unserem Leben sind existenzielle Fragen der Menschheit und damit nicht nur immerwährende Themen der Religion, sondern auch der Philosophie.

Einer der ersten Philosophen, die sich mit dem Tod und dem Sterben auseinandergesetzt haben, war Epikur (341–271 v. Chr.). Und der hatte den Gedanken, dass uns der Tod nichts angeht, weil wir ihn nicht erfahren können: »Wenn ›wir‹ sind, ist der Tod nicht da, wenn der Tod da ist, sind ›wir‹ nicht.«
Und aus dieser durchaus logischen Einsicht hat Epikur gefolgert, dass wir den Tod nicht fürchten müssen.
So, wie ich das verstehe, meint Epikur, wenn ich ja noch nicht tot bin, weiß ich nicht, was tot ist, und wenn ich dann tot bin, kann es mir sowieso egal sein.
Nun, ehrlich gesagt, ich finde, das ist nicht besonders tröstlich. Und schon gar nicht für ein Kind. Ich glaube nicht, dass dieser Gedanke Sophie in irgendeiner Form trösten würde.

Es gibt natürlich Eltern, die sagen ihren Kinder einfach die Wahrheit. Oder das, was sie für die Wahrheit halten.
Das ist auch eine Möglichkeit. Ich kannte mal einen kleinen Jungen in Sophies Kindergarten, der war der vollen Überzeugung, dass das mit dem Weihnachtsmann und dem Christkind und dem Osterhasen alles Quatsch ist. Er wusste genau, dass die Geschenke an Weihnachten die Eltern bringen, dass es das Christkind nicht gibt und dass auch der Osterhase eine Erfindung der Erwachsenen ist.
Und das mit fünf.
Mir hat der kleine Junge, ehrlich gesagt, leidgetan. Ich denke, Kinder tragen einen Zauber in sich, und ist es nicht schön, wenn sie wenigstens noch eine Zeitlang in einer Welt voller Wunder und Zauber leben können?

Und wer weiß wirklich so ganz genau, dass es den Osterhasen gar nicht gibt?
Schließlich hat ihn ja noch niemand gesehen.

Natürlich kann man Kindern beim Thema Tod nicht einfach ein Märchen erzählen oder ihnen die Unwahrheit sagen. Das wäre sicher auch falsch. Kinder spüren sehr genau, wenn man – wie ich manchmal – herumeiert oder wenn man versucht, ihnen nicht ganz die Wahrheit zu sagen. Aber man muss sich sicher sehr genau überlegen, was man ihnen erzählt. Und ich denke, man muss dabei seine eigene Haltung, seine eigenen Gedanken, seine eigene Sicht der Dinge überprüfen und versuchen, möglichst ehrlich zu sein.
Irgendwann müssen alle Eltern ihren Kindern Antworten auf ihre existenziellen Fragen nach dem Tod geben. Bei den meisten Kindern entwickelt sich aus psychologischer Sicht eine realistische Vorstellung vom Tod erst ab dem Schulalter.
Normalerweise ist der Tod ja etwas, das aus unserem Leben mittlerweile möglichst gründlich weggeschönt worden ist. Ich würde fast sagen, dass wir und damit auch unsere Kinder eine Generation sind, die so wenig mit dem Tod zu tun hat, wie kaum eine Generation vor uns.
Die Generation meiner Großeltern hat zwei Weltkriege miterlebt. Ich möchte gar nicht wissen, wie viele Tote meine Großmutter in ihrem Leben gesehen hat, aber ich bin vollkommen sicher, es waren wesentlich mehr, als ich jemals gesehen habe und noch sehen werde.
Wer von uns hat überhaupt schon einen toten Menschen gesehen, wenn man nicht gerade Arzt oder Krankenschwester ist? Direkt. Nah. Ungeschönt. Und nicht im Fernsehen. Da kann man ja jeden Abend Millionen davon entdecken. Vielleicht ist

das Fernsehen gerade bei diesem Thema so extrem, weil der Tod in unserem alltäglichen Leben nicht mehr vorhanden ist. Bei uns herrscht kein Krieg, und wir leben in einem der sichersten Länder dieser Erde – da kommt der Tod doch meist eben nur noch gefiltert übers Fernsehen zum Abendbrot ins Wohnzimmer. Da ist er ganz weit weg und somit auch ganz gut auszuhalten.

Überhaupt wird der Tod auch in anderer Form bei uns sehr oft bereinigt, geradezu schick gemacht. Unser Fleisch kommt clean und fast steril verpackt aus der Kühltheke im Supermarkt. Die Steaks sind im Normalfall nicht mehr blutig, und alles ist nett und sauber und erinnert kaum noch daran, was eigentlich dahintersteht. Wenn jeder, der Fleisch isst, zuvor das Tier auch töten müsste, ich glaube, unserer aller Fleischkonsum würde erheblich zurückgehen. Und sei es nur deswegen, weil viele von uns nicht in der Lage wären, ohne wirklichen existenziellen Hunger einem Tier in die Augen zu schauen und es zu töten.

Aber das Fleisch und die Wurst im Supermarkt sind so weit von dem Tod des Tieres entfernt, dass auch ich kein größeres Problem damit habe, ab und zu ein Steak zu kaufen.

Sophie ist übrigens schon seit drei Jahren Vegetarierin. Seit dem Moment eigentlich, da sie realisiert hat, dass die Wurst auf ihrem Brot mal ein Tier war.

Ich weiß, wie sie angefangen hat, langsam danach zu fragen. Woher kommt eigentlich die Wurst? Ist das wirklich ein Tier gewesen? Stimmt das, dass wir das Tier extra dafür totgemacht haben?

Und ich kann mich noch super gut daran erinnern, wie ich bei den ersten Fragen auch hier anfing, unsicher zu sein. Wie soll ich einer Sechsjährigen, die ein großes Herz für Tiere hat und deren Hund ihr bester Freund ist, erklären, dass wir Tiere extra dafür züchten, um sie später zu töten und essen zu können? Ich wollte Sophie nicht anlügen, aber wie konnte ich ihr die Wahrheit sagen?

Also bin ich rumgeeiert. Ganz ungut. Keine klaren Antworten. Das Thema Tod überfordert mich, ehrlich gesagt, meistens. Aber Sophie hat mich dazu gebracht, wieder nachzudenken. Über das Leben, den Tod und die Wurst auf meinem Brot und ob die wirklich sein muss. Auch das ist, finde ich, eine Form von Philosophie. Nachdenken und Fragen stellen.

Womit wir mal wieder bei einem der größten Fragensteller in der Philosophie gelandet wären: Sokrates.

Der hat nicht nur theoretisch einiges zum Thema Tod und Sterben gesagt. Er hat seinem eigenen Tod laut der Überlieferung auch sehr furchtlos entgegengeblickt. Er wurde angeklagt wegen »Gottlosigkeit« und weil er angeblich die Jugend verderben würde, dabei wurde er schuldig gesprochen und zum Tode verurteilt. Man sieht: Philosophieren und Nachdenken konnte in früheren Zeiten durchaus ziemlich schnell ziemlich lebensgefährlich werden. Da ist Sokrates nicht das einzige Beispiel.

Wie gut, dass das heute anders ist. Sonst müsste man ja die ganzen Produzenten sämtlicher Jugend-Verblödungs-Shows- und -Games heute vor Gericht stellen. Da haben die noch mal Glück gehabt, dass unsere Gesellschaft so liberal ist, dass man denken kann, was man will. Wenn man denken will.

Sokrates hingegen hatte, wie schon gesagt, weniger Glück.

Seine Freunde bereiteten nach seiner Verurteilung alles für seine Flucht aus Athen vor. Aber Sokrates ist geblieben und hat letztendlich den berühmten Schierlingsbecher geleert.

Und er hatte seiner Meinung nach sehr gute Gründe dafür, das zu tun. Er wollte nicht sein ganzes Denken und sein Lebenswerk verraten, indem er etwas tat, was seinen Überzeugungen widersprochen hätte.

Leben und Tod sind in jedem Fall nicht voneinander zu trennen. Wüssten wir, dass wir leben, wenn es gar keinen Tod geben würde?
Keine Ahnung.
Der Tod ist in jedem Fall ein mieser Verräter und eine ziemliche Gemeinheit. Er entzieht sich dem Verstand, er erschüttert das Gefühl und ist insgesamt eine unerfreuliche Angelegenheit. Er ist ein Schlag in die Gedanken und in das Ich. Und ich glaube, man kann ihn einem Kind nicht wirklich erklären, weil man ihn nicht wirklich begreifen kann.
Und im Grunde genommen bin ich davon überzeugt, unsterblich zu sein, bis ich dann wirklich tot bin. Oder ich halte mich einfach an Woody Allen, der meinte: »Ich habe keine Angst vor dem Sterben, ich möchte bloß nicht dabei sein, wenn es passiert.«

Interessanterweise gibt es für mich einen Gedanken, der mich etwas tröstet, wenn ich an den Tod denke: Wenn wir unsterblich wären, könnten wir keine Kinder bekommen. Also, zumindest würde das die Erde und die Menschheit innerhalb kürzester Zeit vor unglaubliche Probleme stellen. Gar nicht vorzustellen, was hier los wäre, wenn alle Menschen, die je gelebt haben, immer noch hier wären. Ganz schön voll wäre es. Wir müssten uns wahrscheinlich stapeln. Ist ja auch so schon ziemlich grenzwertig gerade.
Und ich möchte gar nicht drüber nachdenken, wie die Un-

sterblichkeit die jetzt schon völlig überhöhten Wohnungs-
preise zum Beispiel in München nach oben schrauben würde.
Wir können Kinder bekommen, weil wir sterblich sind?
Wir sind sterblich, weil wir Kinder bekommen können?
Interessante Fragen, über die sich nachzudenken lohnt.

Diesen Gedanken mit dem Kinderkriegen und der Sterblichkeit – den hatte in etwas abgewandelter Form im Übrigen
schon Michel Eyquem de Montaigne (1533–1592).
Montaigne hat sehr viele Essays (er war quasi der Begründer
dieser großartigen schriftstellerischen Form) verfasst, unter
anderem einen mit der Überschrift des Platon-Zitates: »Philosophieren heißt sterben lernen«. Und darin setzt er sich mit
diversen Gedanken zum Thema Tod und Sterben auseinander
und entwickelt verschiedene Argumente. Eines davon, das
moralische Argument, besagt Folgendes: »Macht anderen
Platz, gleichwie euch andere Platz gemacht haben. Die
Gleichheit ist ein wesentliches Stück der Billigkeit.«
Montaigne meinte also schon damals, die Welt würde zu eng
für alle – aber eben nur, wenn wir Kinder kriegen.
Würden wir für die Unsterblichkeit auf Kinder verzichten?
Noch eine interessante Frage. Sie ist aber nur eine theoreti-
sche.
In der Praxis muss ich Sophie immer noch und immer wieder
Antworten geben.
Und manchmal einfach zugeben, dass ich keine Antworten
habe.
Oder ich frage sie manchmal einfach, was sie eigentlich so
denkt.
Und das ist ziemlich erstaunlich. Sophie glaubt grundsätzlich
an so etwas wie eine Art Wiedergeburt. Und sie ist der Über-

zeugung, dass die Seele unsterblich ist, auch wenn sie das natürlich anders ausdrückt. Auch ist sie der Überzeugung, dass sie, bevor sie auf der Welt war, woanders war, in so einer Art Himmel, und dass sie sich leider nicht mehr genau daran erinnern kann, aber sie ist sich da grundsätzlich sicher.

Die meisten Menschen, gleich welcher Religion, glauben im Übrigen an die eine oder andere Art von Unsterblichkeit der Seele. Sophie – und im Übrigen auch ich – befindet sich daher also in bester Gesellschaft.

Sokrates beantwortete die Frage »Was ist der Tod?« übrigens einfach nur mit: »Doch wohl nichts anderes als die Trennung der Seele vom Körper.«

Na dann.

41.

WAS DU LIEBST, LASS FREI!

● ○ ● ○ ● ○ ● ○ ●

Was du liebst, lass frei. Kommt es zurück, gehört es dir – für immer.« Das sagt Konfuzius.

Ohne es so formulieren zu können, weiß das jede Mutter. Je weniger wir die Kinder umklammern, ob mit Güte oder autoritär, desto eher bleiben sie bei uns. Natürlich dürfen wir ein Kleinkind nicht aus den Augen lassen und müssen sogar Pubertierenden manchmal noch streng unter die Arme greifen. Was Konfuzius meint, würden wir heute mit »loslassen« bezeichnen, und intuitiv wissen die meisten Mütter, wann bei dem jeweiligen Kind der richtige Zeitpunkt dafür gekommen ist. Wann es sich ohne Hilfe anziehen soll, wann der Schulweg alleine zu bewältigen ist, wann der Arzt ohne Mutter besucht werden kann.

Meist müssen wir auch gar nicht lange darüber nachdenken, denn die Signale kommen meist von den Kindern selbst, die auf Selbständigkeit drängen.

Und dann braucht man sich von einem Tag auf den anderen die Frage des Loslassens gar nicht mehr zu stellen – an dem Tag nämlich, wenn einem gesagt wird: »Mama, du bist einfach peinlich!«

So wie bei mir neulich. Ich musste schlucken. Schnappatmung. Beruhigung.
Meiner Tochter Eva darf ich ab sofort nicht mehr zuwinken,
wenn ich sie zufällig auf der Straße sehe.
Lukas hält draußen grundsätzlich zehn Meter Abstand zu
meiner Person.

War da nicht einmal was in meiner eigenen Pubertät? Fand
ich meine Eltern nicht zum Schämen? Aber die Phase muss
kurz gewesen sein, denn ich kann mich nicht mehr genau daran erinnern. Heute habe ich – abgesehen von den manchmal
zeitraubenden Anrufen meiner Mutter zur Kartenrunde – ein
ausgesprochen liebe- und respektvolles Verhältnis zu meinen
Eltern. Sie mischen sich nicht in mein Leben ein und geben
mir doch Rückhalt, wenn ich sie brauche. Sie betreuten als
liebende Großeltern oft meine Kinder, als sie noch klein waren, und ich hatte dabei kostbare Stunden für mich. Ich konnte die Kinder loslassen – so wie meine Eltern mich.

Nun warte ich darauf, dass ich nicht mehr peinlich bin und
Konfuzius recht hat. Denn ganz sicher bin ich mir nicht und
kann sich auch kein Mensch sein – zur Philosophie und zu
den Kindern gehören immer auch Zweifel.

42.

ICH BIN MUTTER, ALSO BIN ICH

● ○ ● ○ ● ○ ● ○

Ich kann mich an diese Situation noch genau erinnern, das ist aber sicherlich schon eine Weile her: Ich saß mit Sophie im Auto, wir fuhren vom Einkaufen in der Innenstadt heim auf dem Mittleren Ring in München und steckten im üblichen Feierabendstau. Links neben uns war die Olympiahalle, vor uns so eine Million Autos, die alle sinnlos rumstanden und Abgase in die Luft pumpten, und durch die ziemlich schmutzige Frontscheibe konnte ich sehen, wie langsam die Sonne unterging.

Es war heiß und stickig im Auto, und Sophie saß auf dem Rücksitz und sagte plötzlich zu mir: »Mama, bin ich wach? Oder träume ich? Ich weiß das gerade gar nicht, ich fühle mich so komisch.«

Und für eine Zehntelsekunde fühlte ich mich plötzlich auch total komisch.

Übermüdet, genervt vom Einkaufen, vom Stau und seltsam abgehoben – wie in einem Traum.

Träumte ich vielleicht auch gerade? War Sophie vielleicht gerade in meinem Traum oder ich gerade in ihrem? Was wäre, wenn *das alles* hier ein Traum wäre? Mein ganzes Leben? Und was wäre, wenn meine Träume nur ein Traum im Traum wären?

Und woher weiß ich eigentlich, dass die Wirklichkeit existiert? Woher weiß ich, dass ich nicht wie im Film *Matrix* in einer Art Nährflüssigkeit liege und alles, was ich erlebe, mir nur von einem Computer vorgegaukelt wird? Was ist die Wirklichkeit überhaupt? Und existiert etwas außerhalb meiner eigenen Sinneswahrnehmung?

Fragen über Fragen.

Mir schoss so alles Mögliche durch den Kopf. Und darunter waren ein paar Fragen, mit denen sich die Philosophie schon seit ein paar Tausend Jahren beschäftigte.

Sophie konnte ich das jetzt natürlich nicht alles so aufdröseln. Kinder wollen konkrete Antworten auf konkrete Fragen und kein langes Gelabere.

Aber was sollte ich ihr erzählen?

Tüüüüüüüüüüüüüüüüt.

Hinter mir hupte wild ein Auto. Shit.

Das Jaulen der Hupe riss mich unsanft aus meinen Gedanken. Der Stau vor mir hatte sich fast aufgelöst, und ich hatte im wahrsten Sinne des Wortes vor mich hin geträumt. Ich fuhr an und empfahl Sophie, sich einfach mal selbst zu zwicken. Daran merkt man schließlich, ob man wach ist oder träumt. Zumindest kenne ich diese Empfehlung aus meiner eigenen Kindheit. Ich weiß gar nicht, ob ich damals mit meinen Eltern über solche seltsamen Gefühle und Gedanken gesprochen habe, aber ich kann mich an den Tipp mit dem Zwicken erinnern – ich glaube, der stand irgendwo in einem *Hanni-und-Nanni*-Buch. Vielleicht waren es auch die *Fünf Freunde*, von denen ich diesen Tipp habe. In jedem Fall glaube ich, dass jedes Kind – bzw. jeder Mensch – irgendwann mindestens einmal in seinem Leben dieses komische Gefühl hat, dass er für einen Augenblick nicht so ganz weiß, ob er wach ist oder nicht. Wo für eine Sekunde die ganze Gewissheit des Seins plötzlich wankt und man das Gefühl hat, auf unsicherem Boden zu stehen.

Nun, dieses Gefühl oder so was Ähnliches kannte wahrscheinlich auch René Descartes (1596–1650), einer der bedeutendsten französischen Philosophen. Descartes dachte in einer Zeit über die Welt nach, in der die Gewissheiten des Glaubens und das starre Denkschema der Kirche sich langsam auflösten und ein neues Ich-Bewusstsein entstand. Und damit entstanden auch neue Fragen in der Welt, die Descartes versuchte zu beantworten.

Wie können wir sicher sein, dass irgendetwas wirklich existiert? Könnte es nicht sein, dass die Welt, die wir kennen, nur eine Illusion ist? Könnte es nicht sein, dass unsere Welt nichts weiter als eine Traumwelt ist? …

Nun, in jedem Fall hilft da ein einfaches »Sich-in-den-Arm-Zwicken« wohl nicht weiter. Zumindest hat es Descartes nicht geholfen beziehungsweise hat er sich nicht einfach damit zufriedengegeben. Das war auch gut so, denn er hat die Philosophie einen großen Schritt weitergebracht. Er hat weiter nachgedacht und ist irgendwann zu einem der berühmtesten Sätze in der Philosophie gekommen:

Ich denke, also bin ich.

Oder auf Lateinisch: *Cogito ergo sum*. Das ist ein Satz, den so ziemlich jeder einmal gehört hat. Ich denke, also bin ich – also kann ich nicht nicht sein, solange ich denke. Das ist – laut Descartes – eine absolute Gewissheit.

Selbst wenn ich in einer Nährlösung liegen würde, weiß ich doch, dass ich irgendwie bin. Auch wenn ich vielleicht nicht so bin, wie ich mir das so wünsche oder vorstelle. Und selbst wenn es – wie Descartes anführte – einen bösen Dämon geben würde, der bewirken könnte, dass ich Falsches für wahr hiel te, oder wenn meine Sinne mich täuschen würden (wie sie das durchaus manchmal machen, man muss nur an Vexierbilder denken), so gibt es doch diese eine Gewissheit im Leben eines Menschen: *Ich denke, also bin ich.*

»Und so komme ich … schließlich zu dem Beschluss, dass dieser Satz ›Ich bin, ich existiere‹, sooft ich ihn ausspreche oder in Gedanken fasse, notwendig wahr ist.« Sagt Descartes. Das leuchtet auch mir durchaus ein. Schön, wenn es wenigstens eine Gewissheit gibt. Schließlich bedeutet das Leben mit Kindern, dass ständig alles anders wird als geplant oder gedacht. Wenigstens weiß ich, dass ich bin, wenn ich auch manchmal in dem ganzen Chaos um mich herum manchmal nicht mehr so recht weiß, was, wann, warum und wo ich bin.

Ich habe dann mit Sophie später beim Abendessen weiter über das Thema »Träume ich, oder bin ich wach?« gesprochen und versucht, ihr diese Grundgedanken von Descartes zu *erklären*.

»Ich denke, also bin ich« ist so einfach und einleuchtend, das können auch Kinder sehr gut verstehen. Sophie hat dieser Gedanke in jedem Fall sehr gefallen. Aber irgendwann hatte sie dann die Nase voll vom philosophischen Nachdenken und sagte einfach: »Also, im Grunde genommen kann man ganz einfach rauskriegen, ob man wach ist oder träumt. Wenn man träumt, kann man Dinge tun, die man nicht tun kann, wenn man wach ist. Fliegen zum Beispiel oder mit der U-Bahn auf dem Meeresboden entlangfahren, wie ich gestern Nacht. Also, das denke ich mir zumindest. Und überhaupt ist mir das jetzt egal, ob ich wach bin oder träume. Solange die Nudeln gut schmecken und ich keinen Alptraum habe.«

Sagte sie und zog sich eine weitere Gabel Spaghetti Carbonara rein.

Tja, auf manche philosophische Fragen gibt es auch ohne langes Nachdenken Antworten.

Und ich, ich träume heute Nacht davon, dass unsere Putzfrau nächste Woche nicht mehr krank ist und dass nicht Windpocken, Lehrerstreik oder sonst irgendwas Unvorhergesehenes meine ganze Planung wieder zunichtemachen.

Denn eines weiß ich sicher: Mit Kindern ist das Leben nicht planbar, und Flexibilität gehört für eine Mutter zur Grundausstattung dazu.

Ich bin Mutter, also bin ich.

43.

WASSER UND WEIN

● ○ ● ○ ● ○ ● ○ ●

Ich mache mir zu viele Sorgen und Gedanken. Werden meine Kinder morgen noch in einer intakten Umwelt leben? Habe ich Lukas genügend Brotzeit eingepackt? Bin ich für Alex eigentlich noch attraktiv genug, oder wird mich eines Tages der Klassiker ereilen und er mich wegen einer Jüngeren verlassen? Habe ich Eva wirklich nachhaltig getröstet nach dem Krach mit der besten Freundin? Und habe ich eigentlich »Kaffee« auf den Einkaufszettel notiert, am Wochenende kommen Freunde, die ohne Kaffee sofort wieder abzischen!?

Um Gottes willen, das ist alles egal, fällt mir nachts um zwölf im Bett ein, aber nicht, dass ich den Elternabend morgen vergessen und dem Chef nicht Bescheid gegeben habe, dass ich früher aus dem Büro wegmuss. Hoffentlich ist das noch zu machen! Und neben mir pennt mein Mann und schnarcht – immerhin leise – friedlich vor sich hin. Der hat es gut, der macht sich das Leben leicht, der denkt einfach nicht an Kaffee und Elternabende und Brotzeit und Freundschaftsprobleme. An was denkt ein Mann eigentlich außer an Arbeit und Sex? Egal.

Ich stehe auf und schreibe alles auf eine Liste, sonst schwirrt es mir weiter im Kopf herum, und ich kann nicht schlafen vor lauter Angst, etwas zu vergessen.

Lukas und Eva machen sich natürlich auch keine Gedanken oder Sorgen – die Ruhe in den Kinderzimmern ist immerhin beruhigend. Was bin ich froh, dass sie schon so groß sind und ich nicht mehr jede Nacht schreckliche Monster aus den Räumen der Kleinen vertreiben muss! Uff! Was habe ich mittlerweile für Freiräume! Zum Beispiel kann ich jetzt mir nichts, dir nichts einfach um Mitternacht zu unserem heimlichen Schokoladenvorrat greifen. (Alex und ich haben politisch völlig inkorrekt und moralisch unfassbar versagend ein Geheimversteck angelegt, von dem die Kinder nichts wissen.) Wir leben quasi die Doppelmoral einstiger Priester, predigen Wasser und trinken Wein (also essen öffentlich in der Familie Gemüse und naschen heimlich die besten Schokoladensorten).

Ich greife zu Nougat – geht übrigens zur Neige, und ich setze es sofort auf meine Liste. Schon wieder die Geschichte mit Wasser und Wein – denn ich denke nicht im Traum daran, mir nachts um zwölf auch noch die Zähne nach Schokolade zu putzen. Würden Lukas oder Eva nach dem Abendessen und Zähneputzen noch einmal naschen, würde ich hingegen lauthals schimpfen: »Also, so geht das nicht!«

»Du bist jetzt alt genug, dass du wissen musst, wie schädlich das ist!« Außerdem, so fällt mir da nachts ein, könnte ich ja auch morgen tot umfallen, und dann hätte ich die kostbaren letzten Minuten, die ich noch im Leben habe, mit Zähneputzen verbracht! Aber was denke ich da eigentlich, das klingt ja hochgradig depressiv!

Nein, ich bin nicht depressiv, eigentlich eher lebenslustig, aber manchmal muss frau um Mitternacht nach dem Genuss von Nougatschokolade doch einfach nachdenken. Tagsüber lassen Job, Haushalt, Kinder, Mann und die eigenen Eltern dafür einfach keine Zeit. Das ist übrigens der tiefere Grund, warum Mütter nachts manchmal einfach den Kühlschrank plündern, es ist ganz entschieden tiefster philosophischer Natur und hat überhaupt gar nienienienichts mit ungezügelten Heißhungerattacken zu tun!

So sitze ich da also des Nachts, mittlerweile um halb eins, an unserem Küchentisch bei Nougatschokolade und frage mich, was es mit dem Leben auf sich hat, und verwerfe die Frage auch gleich wieder – wer sollte mir das schon beantworten können? Gut, in erster Linie bin ich für die Kinder da, aber die werden eines Tages erwachsen sein. Und außerdem ist Kinderhaben auch kein ultimativer Lebenssinn, außer bei den Klammeräffinnen. Wir werden geboren und sterben irgendwann – und dazwischen führen wir ein Leben mit To-do-Listen? Das kann es ja nicht gewesen sein. Immer nur eine gute Mutter sein, den Job machen, Alex eine gute Frau und meiner Mutter eine gute Tochter sein? Okay, wir haben auch viel Spaß in der Familie, aber macht dieser Spaß alleine dann das Leben aus? Oder bekomme ich jetzt eine Midlife-Crisis? Ich sollte einfach wieder ins Bett gehen und schlafen, statt so zu grübeln, denke ich, aber nein, warum eigentlich diesen philosophischen Moment nicht einmal zulassen? Ich schaue auf die Uhr, hole eine Flasche Rotwein und schaffe nach zwanzig Jahren, die ich aus der Übung bin, die Entkorkung auf Anhieb. (Am Rande: Spanischer Rotwein und Nougat passen hervorragend zusammen.)

Suche ich gerade einen tieferen Sinn in meinem Leben? Bin ich nicht wegen der ganzen Aufgaben beunruhigt, sondern vielmehr, weil ich eines Tages sterben werde? Und warum habe ich dann gelebt, werde ich mich vielleicht fragen. Epikur gibt mir recht – es ist der Tod, der uns zutiefst beunruhigt. Von Epikur stammt der berühmte Satz: »So ist also der Tod, das schrecklichste der Übel, für uns ein Nichts: Solange wir da sind, ist er nicht da, und wenn er da ist, sind wir nicht mehr. Folglich betrifft er weder die Lebenden noch die Gestorbenen, denn wo jene sind, ist er nicht, und diese sind ja überhaupt nicht mehr da.« Aber weil wir diese Erkenntnis, so der griechische Denker, im Alltag vergessen (heute würden wir sagen: verdrängen), lassen wir uns beunruhigen. »Der Weise jedoch weicht weder dem Leben aus noch fürchtet er das Nichtleben. [...] Das Leben ist ihm nicht zuwider, noch hält er das Nichtleben für Übel. Wie er bei einer Speise nicht die größere Menge, sondern das Wohlschmeckendste vorzieht, so will er sich nicht eines möglichst langen, sondern eines möglichst angenehmen Lebens erfreuen.«

Voll altmodisch, könnte man sagen – alle Blätter und Medien sind voll der Ratschläge zu einem möglichst langen Leben, das unser neuer Gott zu sein scheint, seitdem wir nicht mehr an ein Jenseits glauben. Wir achten nicht mehr auf die Qualität, die Freude und den Humor im Dasein, sondern nur noch auf dessen unbedingte Verlängerung mit möglichst gesunder Lebensweise. So heißt es bei Epikur auch: »Wir sind ein einziges Mal geboren; zweimal geboren zu werden ist nicht möglich; eine ganze Ewigkeit hindurch werden wir nicht mehr sein dürfen. Und da schiebst du das, was Freude macht, auf, obwohl du nicht einmal Herr bist über das Morgen?

Über das Aufschieben schwindet das Leben dahin, und so mancher von uns stirbt, ohne sich jemals Muße gegönnt zu haben.«

Ha, da trink ich doch glatt noch ein Glas Rotwein! Müde und unausgeschlafen werde ich morgen sowieso sein!

Um fünf Uhr steht Eva vor mir und schaut mich mit großen Augen an. »Was machst du hier am Küchentisch, Mama? Warum schläfst du hier? Lasst ihr euch jetzt scheiden?«
»Nein!«, antworte ich. »Ich habe nachgedacht und zu viel Wein getrunken!«
»Bist du Alkoholiker?«, fragt Eva ängstlich.
»Nein, Schatz, geh wieder ins Bett und schlaf gut.« Ich drücke sie an mich – was für eine Freude dieses Kind, meine Familie und das Leben sind! Die größte Freude! Oder, wie Lukas sagen würde: »Voll episch!«

QUELLENVERZEICHNIS

● ○ ● ○ ● ○ ● ○ ●

Beim Schreiben dieses Buches haben wir uns diverser Quellen bedient, die wir im Folgenden nach Kapitel geordnet auflisten:

Der Brei und das Nichts
Jean-Paul Sartre: Das Sein und das Nichts. Versuch einer phänomenologischen Ontologie. Rowohlt Verlag, Reinbek bei Hamburg 1962

Jean-Paul Sartre: Die Fliegen / Die schmutzigen Hände. Zwei Dramen. Rowohlt Taschenbuch Verlag, Reinbek bei Hamburg 1990

Philipp Hübl: Folge dem weißen Kaninchen … in die Welt der Philosophie. Rowohlt Taschenbuch Verlag, Reinbek bei Hamburg 2012

Ich putze, also bin ich
René Descartes: Meditationen. Marixverlag, Wiesbaden 2011

???????????????????
Ekkehard Martens: Sokrates. Eine Einführung. Reclam Verlag, Stuttgart 2004

»Gute Fragen sind einfach«, Interview mit Michael Sandel, in: *Die Zeit*, Nr. 25 vom 13. Juni 2013

Anstiftung zum Glücklichsein
Glücksstudie I: vgl. *Die Welt,* 18.11.2013
Glücksstudie II: vgl. *Focus,* 21.12.2010 von Prof. Tim Hagemann
http://www.focus.de/wissen/mensch/psychologie/tid-20800/beziehungsforschung-familie-macht-gluecklich_aid_583365.html

Tot sind nur die anderen
Ludwig Wittgenstein: Tractatus logico-philosophicus. Werkausgabe, Band 1, Suhrkamp Verlag, Frankfurt am Main 1984

Epikur: Philosophie der Freude. Briefe. Hauptsatzlehre. Spruchsammlung. Fragmente. Insel Verlag, 1. Auflage, Frankfurt am Main 1988

Das Salz in der Wissenschaftssuppe
Karl Popper: Die offene Gesellschaft und ihre Feinde 2: Falsche Propheten. Hegel, Marx und die Folgen. Mohr Siebeck Verlag, 8. Auflage, Tübingen 2003

Haben nur Kindsköpfe Kinder?
Aristoteles: Politik. Schriften zur Staatstheorie. Reclam Verlag, Stuttgart 1998

»Warum haben wir Kinder?«, in: Philosophie Magazin Nr. 1, 2011/2012

Das geht in die Hose!
Jean-Jacques Rousseau: Emile oder über die Erziehung. Reclam Verlag, Stuttgart 1998

Jean-Jacques Rousseau: Vom Gesellschaftsvertrag. Reclam Verlag, Stuttgart 1986

Das Leben als Werk
Simone de Beauvoir: Das andere Geschlecht. Sitte und Sexus der Frau. Rowohlt Taschenbuch Verlag, Reinbek bei Hamburg 1998

Diesseits von Gut und Böse
Jean-Jacques Rousseau: Abhandlung über den Ursprung und die Grundlagen der Ungleichheit unter den Menschen. Reclam Verlag, Stuttgart 1998

Thomas Hobbes: Leviathan. Meiner Verlag, Hamburg 2005

Des Pudels Kern
Arthur Schopenhauer: Über die Weiber. Essay von 1851, BasiliusBestmannPublikationen, 2013, Kindle Edition

Die regelrechte Regelmode
Jean-Jacques Rousseau: Emile oder über die Erziehung. Reclam Verlag, Stuttgart 1998

Winfried Böhm: Geschichte der Pädagogik. Von Platon bis zur Gegenwart. Verlag C. H. Beck, München 2004

Panta rhei
Wilhelm Weischedel: Die philosophische Hintertreppe. Die großen Philosophen in Alltag und Denken. Deutscher Taschenbuch Verlag, 40. Auflage, München 2012

Einer weiß alles, der andere nichts
Platon: Menon. Griechisch / Deutsch, Reclam Verlag, Stuttgart 1994

Das Leben ist ein Überraschungsei
Platon: Kratylos. Edition Holzinger, Berlin 2013

Heraklit: Fragmente. Griechisch / Deutsch. Oldenbourg Akademieverlag, Berlin 2011

Die Gott ist tot
Simone de Beauvoir: Das andere Geschlecht. Sitte und Sexus der Frau. Rowohlt Taschenbuch Verlag, Reinbek bei Hamburg 1998

Ludwig Wittgenstein: Philosophische Untersuchungen, in: Tractatus logico-philosophicus. Werkausgabe, Band 1, Suhrkamp Verlag, Frankfurt am Main 1984

Luise Pusch: Alle Menschen werden Schwestern. Feministische Sprachkritik. Suhrkamp Verlag, Frankfurt am Main 1990

Senta Trömel-Plötz: Vatersprache – Mutterland. Frauenoffensive Verlag, München 1993

Bryan Magee: Geschichte der Philosophie. Dorling Kindersley Verlag, München 2007

Guter Rat ist billig
Bryan Magee: Geschichte der Philosophie. Dorling Kindersley Verlag, München 2007

Beschrieben oder unbeschrieben?
Das Philosophie Buch. Große Ideen und ihre Denker. Dorling Kindersley Verlag, München 2011

John Locke: Versuch über den menschlichen Verstand. Philosophische Bibliothek, Band 75 und 76, Meiner Verlag, Hamburg 1988/2000

Henne und Ei
Arthur Schopenhauer: Über die vierfache Wurzel des Satzes vom zureichenden Grunde / Über den Willen in der Natur. Kleinere Schriften I, Diogenes Verlag, Zürich 2007

Künne, Wolfgang: Epimenides und andere Lügner. Klostermann Verlag, Frankfurt am Main 2013

Interview mit Xanthippe
Carl Andresen u. a.: Lexikon der Alten Welt. Artemis & Winkler Verlag, Mannheim 1994

Liebe und tu, was du willst!
John Stuart Mill: Über die Freiheit. Reclam Verlag, Stuttgart 1986

Peter Brown: Augustinus von Hippo. Eine Biographie. Erweiterte Neuausgabe, Deutscher Taschenbuch Verlag, München 2000

Münchhausen 2.0
Bernard Williams: Truth and Truthfulness. Princeton University Press, 2004

Simone Dietz: Der Wert der Lüge. Mentis Verlag, Münster 2002

Adam Soboczynski: Die schonende Abwehr verliebter Frauen oder Die Kunst der Verstellung. Aufbau Verlag, Berlin 2010

Halte Tante Inge die Tür auf!
Dieter Steland: Moralistik und Erzählkunst. Von La Rochefoucauld und Mme de Lafayette bis Marivaux. Wilhelm Fink Verlag, München 1984

Chillen mit Seneca
Seneca: Von der Seelenruhe. Aus dem Lateinischen von Otto Apelt, Anaconda Verlag, Köln 2010

Machen Kinder glücklich?
Richard Eibach / Steven Mock: The Bottom Line of Raising Kids: Parents Rationalize the Economic Cost of Children by Exaggerating Their Parental Joy, in: Psychological Science, Bd. 22, 2011

Mit der Philosophie zu Traumschuhen
Robert Pfaller: Wofür es sich zu leben lohnt. Elemente materialistischer Philosophie. Fischer Verlag, Frankfurt am Main 2012

Robert Pfaller: Das schmutzige Heilige und die reine Vernunft. Symptome der Gegenwartskultur. Fischer Verlag, Frankfurt am Main 2012

Robert Pfaller: »Genuss ist politisch«. Interview in *Die Zeit,*
19.11.2012

Mutter vor Gerechtigkeit
Iris Radisch: Camus. Das Ideal der Einfachheit. Eine Biographie.
Rowohlt Verlag, 10. Auflage, Reinbek bei Hamburg 2013

Albert Camus: Der Mythos des Sisyphos. Rowohlt Verlag, Reinbek bei Hamburg 2000

Papa Staat
Aristoteles: Politik. Schriften zur Staatstheorie. Reclam Verlag,
Stuttgart 1998

Pass gut auf dich auf!
Epiktet: Handbüchlein der Moral. Reclam Verlag, Stuttgart
2008

Mein philosophischer Kleiderschrank
Junjirô Takakusu: Grundzüge buddhistischer Philosophie. Ang-
kor Verlag, Frankfurt am Main 2013

Liebes Tagebuch
Arthur Schopenhauer: Über die vierfache Wurzel des Satzes vom
zureichenden Grunde / Über den Willen in der Natur. Kleinere
Schriften I, Diogenes Verlag, Zürich 2007

Prügle deine Kinder!
Friedrich Nietzsche: Jenseits von Gut und Böse. Zur Genealogie
der Moral. Kritische Studienausgabe, hg. von Giorgio Colli und
Mazzino Montinari, Deutscher Taschenbuch Verlag, München
2007

Recht und Rache für ein Federmäppchen
Hans Kelsen: Was ist Gerechtigkeit? Reclam Verlag, Stuttgart
2000

Streifzug durch die Kindheit
Philippe Ariès: Geschichte der Kindheit. Deutscher Taschen-buch Verlag, München 2007

Karl Philipp Moritz: Anton Reiser. Ein psychologischer Roman. Reclam Verlag, Stuttgart 1986

Immanuel Kant: Anthropologie in pragmatischer Hinsicht. Reclam Verlag, Stuttgart 1986

Immanuel Kant: Die Metaphysik der Sitten. Reclam Verlag, Stuttgart 1990

Johann Wolfgang von Goethe: Faust. Eine Tragödie. Erster und zweiter Teil. Deutscher Taschenbuch Verlag, München 1997

Adolf Freiherr von Knigge: Über den Umgang mit Menschen. Insel Verlag, Frankfurt am Main 2008

Max Horkheimer / Theodor W. Adorno: Dialektik der Aufklä-rung. Philosophische Fragmente. Fischer Verlag, Frankfurt am Main 2004

Paul Feyerabend: Erkenntnis für freie Menschen. Suhrkamp Verlag, Frankfurt am Main 1980

Voll der schwule Mongo
Ludwig Wittgenstein: Philosophische Untersuchungen, in: Trac-tatus logico-philosophicus. Werkausgabe, Band 1, Suhrkamp Verlag, Frankfurt am Main 1984

Was ist guter Sex?
Arthur Schopenhauer: Gesammelte Werke. Essay: Über die Wei-ber (1851), Diogenes Verlag, Zürich 2007

Michel Foucault: Sexualität und Wahrheit. Bd. 1–3, Suhrkamp Verlag, Frankfurt am Main 1987/1989

Iris Osswald-Rinner: Oversexed and Underfucked: Über die gesellschaftliche Konstruktion der Lust (Erlebniswelten). VS Verlag für Sozialwissenschaften, Heidelberg 2011

Robert Pfaller: Das schmutzige Heilige und die reine Vernunft. Symptome der Gegenwartskultur. Fischer Verlag, Frankfurt am Main 2012

Yes, you can!
Friedrich Nietzsche: Jenseits von Gut und Böse. Zur Genealogie der Moral. Kritische Studienausgabe, hg. von Giorgio Colli und Mazzino Montinari, Deutscher Taschenbuch Verlag, München 2007

»Philosophieren heißt sterben lernen«
Michel de Montaigne: Die Essais. Anaconda Verlag, Köln 2005

Platon: Sämtliche Werke. Band 2: Lysis, Symposion, Phaidon, Kleitophon, Politeia, Phaidros, übersetzt von Friedrich Schleiermacher, Rowohlt Taschenbuch Verlag, 34. Auflage, Reinbek bei Hamburg 2004

Was du liebst, lass frei!
Konfuzius: Die Weisheit des Konfuzius. Insel Verlag, Frankfurt am Main 2004

Ich bin Mutter, also bin ich
René Descartes: Meditationen. Philosophische Bibliothek, Band 596, Felix Meiner Verlag, Hamburg 2009

Wasser und Wein
Epikur: Philosophie der Freude. Briefe. Hauptsatzlehre. Spruchsammlung. Fragmente. Insel Verlag, Frankfurt am Main 1988